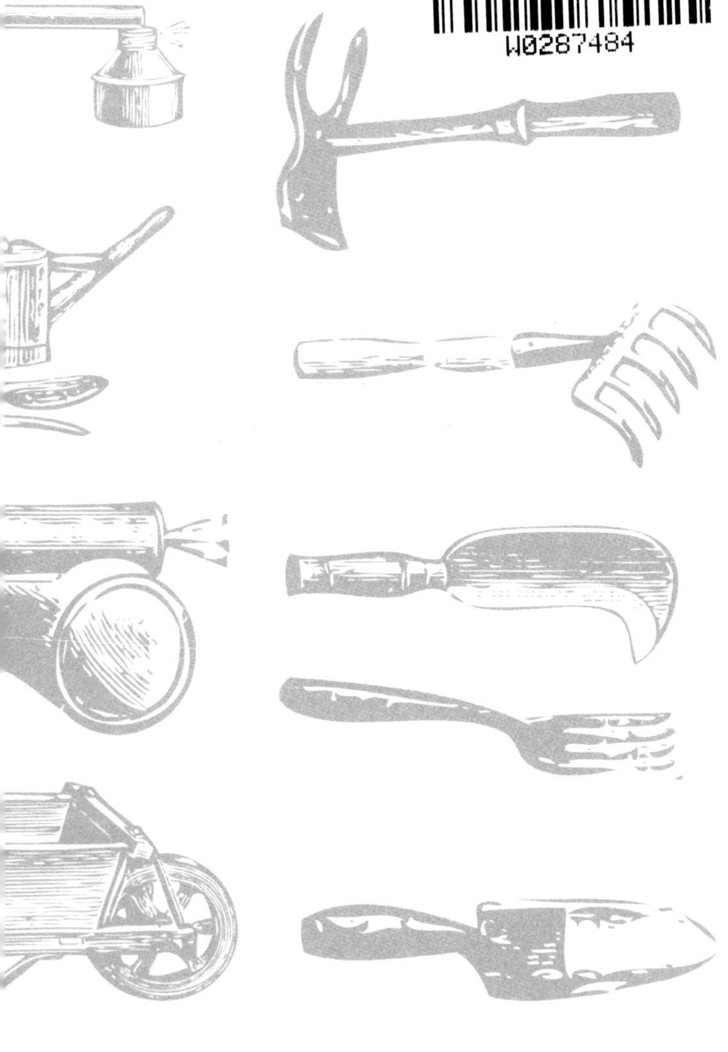

Le jardin du radin !

Direction éditoriale : Catherine Delprat

Édition : Laure Sérullaz

Direction artistique : Emmanuel Chaspoul

Conception graphique : Emmanuel Chaspoul

Mise en pages : Anna Bardon

Iconographie : Jean-Paul Collaert, Laure Sérullaz

Couverture : Véronique Laporte

Relecture-correction : Laurence Alvado

Fabrication : Annie Botrel

ISBN 978-2-03-585145-1

Le jardin du radin !

Jean-Paul Collaert

LAROUSSE

Sommaire

En guise d'avertissement

« Jardiner sans un radis, ça doit être possible… »
Oncle Picsou

Cher lecteur, la dernière fois que votre belle-sœur Brigitte vous a invité, ce n'est pas le barbecue qui vous a le plus indisposé, même si son jules a la manie de mettre du Tabasco sur tout, mais sa terrasse fleurie, le pompon étant le potager attenant, petit, certes, mais bien rempli. De retour à la maison, en serrant les dents durant tout le voyage sous les sarcasmes de votre compagne, vous avez commencé à imaginer la riposte : réaménagement de tout le jardin, et on va voir ce qu'on va voir. L'ennui, c'est que vous n'avez aucune idée de comment démarrer, et pas du tout envie de vous ruiner au passage…

Chère lectrice, ce n'est pas l'envie de jardiner qui vous manque, mais les sous, engloutis dans l'élevage des enfants, ces petits monstres d'ingratitude. Les reportages des revues de jardin vous font rêver, mais disent-ils la vérité, les sommes dépensées pour la moindre plante et les gages du jardinier, même pas sexy comme dans les séries américaines ? Pourtant, vous passez chaque jour devant le ravissant jardin d'une petite mamie qui n'a pas l'air de rouler sur l'or. Comment fait-elle, cette sorcière ?

Oubliez vos préjugés et découvrez comment jardiner peut devenir un **jeu de bonne société**, où l'on glane les astuces en discutant avec la boulangère, d'habitude aussi revêche que ses chaussons aux pommes sont bons. Jardiner peut susciter en outre des moments délicieux lors de la visite d'une ressourcerie, pourtant guère plus glamour qu'une cellule de dégrisement. **L'art de la récupération** a toujours été pratiqué par les jardiniers, et l'état de nos finances, privées comme publiques, sans parler de l'état de la planète, va en faire un sport national. Vous êtes donc cordialement invité à militer au DAJ, Droit au Jardin, dont le mot d'ordre est : « Radinez-vous ! »

Avec, par ordre d'apparition au jardin : Brigitte, qui réussit tout du premier coup ; Franck, qui a toujours des impatiens sauvages en trop ; Claudine, sujette à l'amnésie latine ; oncle Roger, naturellement ; le voisin Raymond, abonné à la vidange ; Émilie, l'instit aux vers ; Monique, la reine des asters ; Mamikou, représentante du club des grands-mères ; Mme Boulloche, une libraire sans état d'âme ; Josiane, évidemment ; Marie-Claude, de retour de thalassothérapie ; sans oublier Gustave, labrador, donc chien.

Avoir l'œil et savoir acheter

« Si vous voulez acheter, traversez le bazar en regardant, et achetez en retournant. »

Proverbe arabe

La liste gagnante

Rien de tel qu'une liste pour doubler le plaisir d'acheter en faisant des économies.

1 Déjà, comptez le temps délicieux passé à feuilleter les catalogues et à parcourir les pages d'Internet, bien au chaud. Le monde est à vous et le jardin

se peuple de petites merveilles virtuelles, donc jamais malades. Sauvegardez ces listes et mettez-les de côté, à mûrir.

2 La semaine suivante, commencez la **sélection**. Facile : il suffit de supprimer sans pitié un tiers des références, c'est-à-dire **les plus chères**. Pas la peine de soupirer, vous avez vécu sans jusque-là, alors un peu plus… Laissez reposer encore une semaine.

3 Éliminez les **fournisseurs** dont le franco de port n'est pas atteint, ce sera pour une autre année. Parmi les plantes qui restent, lesquelles ont vraiment leur place, et pour quoi faire ? Une réponse du style « quand je l'aurai, je saurai bien » est synonyme de **« franchement superflue »**.

4 Ouvrez l'enveloppe mise au coffre-fort et dans laquelle, par prudence, vous avez indiqué la somme totale irrévocable à ne pas dépasser, **un compte rond inférieur au million d'euros**, de préférence.

Pour que cela coïncide, recommencez à tailler dans la liste, quitte à en composer une deuxième, un purgatoire que vous oublierez sur la table du salon juste avant votre anniversaire, comme par hasard. Laissez encore reposer une semaine et, si votre envie persiste, alors là, vous pouvez passer commande, avec le sentiment du devoir accompli.

L'habit ne fait pas la plante

Acheter des plantes à **racines nues** n'a rien de glauque, bien au contraire. Autrefois, les colporteurs trimballaient ainsi leurs trésors au bout du monde, entourés de mousse des bois et de papier journal. Évidemment, cela se passait en période de repos pour la végétation.

À l'ère du **conteneur**, ce genre d'expédition ne se pratique plus guère que pour les iris, les pivoines ou encore les hémérocalles, bref du solide qui en a vu d'autres. Mais, en Provence, les jardiniers avertis ne veulent pas de lavandes, de romarins ou de santolines autrement qu'en **fagots de plants**, avec leurs racines bien visibles, car ils savent qu'en les plantant tout de suite, à l'automne de préférence, la reprise est au rendez-vous. Cela, avec des plants qui valent un **demi-euro au lieu de deux** !

Argument à scion

Comme un Français sur deux qui a la chance de disposer d'un jardin, vous rêvez de cueillir vos cerises et croquer vos pommes, en imaginant un bel arbre trônant sur la pelouse, façon calendrier de la poste. Un détail manque : l'échelle, en double, puisqu'il y a celle de l'espace et celle du temps. Ces arbres sont bien trop grands pour nos jardins et ils attendent dix ans avant de donner le premier fruit. Et cela, même si vous partez d'un arbre déjà constitué, car il va lui falloir s'adapter au jardin.

Mieux vaut prendre un scion d'un an plutôt qu'un arbre-tige ou demi-tige, c'est-à-dire avec un tronc de 1 m environ, trois fois plus cher pour un résultat identique à terme. En revanche, faites-vous bien conseiller pour le porte-greffe et la variété, en vérifiant au préalable que le pépiniériste est un fin gourmet.

Hardis les petits plants !

Fini la haie façon mur de Berlin en vert, on veut du mélangé, moitié caduc moitié persistant, et c'est tant mieux. Le hic, c'est qu'en allant voir les prix des arbustes en conteneur à la jardinerie du coin, vous avez failli appeler le Samu.

La solution existe et s'appelle « jeune plant forestier » : des arbustes d'un an cultivés dans des pots spéciaux, nettement plus allongés que les classiques, ce qui permet aux racines de descendre sans entamer une spirale infernale. D'où une excellente reprise, quasiment à 100 %, pour un prix de revient unitaire entre 2 et 4 euros, au lieu de 10 à 15 en conteneur.

Deux difficultés : dénicher la pépinière et jouer du tam-tam pour trouver des compères avec qui partager la commande, car il faut souvent prendre des lots de 10 arbustes identiques, et si l'on veut vraiment du mélange, cela complique la vie…

www.graines.com

Les graines ont tout pour bien voyager : faible poids et totale inertie. Du coup, Internet ouvre la plus formidable graineterie du monde. Quelques clics, et vous voilà en possession de la plus exquise **tomate du Kazakhstan**.

Et notre conseil sur les listes préliminaires, alors ? Ici, impossible de rattraper le panier virtuel ! Mettez donc ce premier choix de côté et continuez vos recherches : il y a fort à parier que vous trouverez mieux ou, tout au moins, que cela vous permettra d'affiner le choix en voyant les commentaires d'autres jardiniers internautes.

Un petit tour sur les blogs aide à écrémer les adresses dangereuses : en ajoutant **escroc, truand ou voleur** au nom du site, on tombe sur des témoignages édifiants, à prendre parfois au second degré. Par prudence, envoyez une première commande pas trop élevée pour vérifier la qualité du service.

Cher le gramme

En vous limitant aux **entreprises européennes**, vous vous placez sous le bouclier d'une législation un poil tatillonne, mais faite, a priori, pour assurer des lots de graines qui lèvent bien et correspondent à la variété désirée. Ces temps-ci, **les aléas de la livre par rapport à l'euro** rendent l'achat sur les sites anglais particulièrement avantageux.

Là encore, un peu de **prudence** : vérifiez le **poids** des paquets, car nos voisins ont la fâcheuse tendance à jouer l'échantillon là où nous sommes habitués à de solides pincées. Cette mention doit figurer obligatoirement, parfois remplacée par le nombre de graines, ce qui est encore plus explicite pour **comparer les prix.** À vous de juger si cette quantité suffit à vos envies du moment.

Du côté de la coopérative

Tradition rurale oblige, notre pays a conservé un maillage serré de coopératives agricoles, chaque région ayant ses spécialités qui fleurent bon le terroir, bon étant une façon de parler quand il s'agit du rayon produits de traitement...

Fini les antres au parquet vermoulu, garnis d'étagères à peine éclairées et peuplés d'employés en salopette bleue. Carrelage, gondoles et jolies filles ont fait leur apparition. Seule persiste une délicieuse tradition qui consiste à vous faire attendre pendant un temps variable et imprévisible, histoire de servir avec l'amabilité voulue un vrai agriculteur ou l'un des nombreux beaux-frères et voisins du personnel.

Les bonnes affaires ne sont pas rares, mais concernent en premier ce qui s'achète par gros volume ou pèse lourd : terreau, amendement, semences de pomme de terre, piquets, grillage à poule, plastique à serre... Le rayon outillage privilégie en général la qualité au prix, mais vérifiez que votre musculature de néorural autorise leur usage.

La maxi promo super discount

Osez dire que vous ne jetez pas un coup d'œil sur les prospectus qui tapissent votre boîte aux lettres… Au printemps, les allusions au jardinage y fleurissent, en général dès le mois de mars, quand l'hiver balaie encore un paysage dévasté à grands coups de giboulées grêleuses. Bien meilleures annonciatrices du printemps que les hirondelles, de plus en plus aux abonnées absentes, ces promotions réservent parfois de bonnes surprises, **mondialisation oblige** : des bêches en Inox à moitié prix ou une **tondeuse moins chère qu'une cafetière**.

Prudence vis-à-vis de tout ce qui contient un moteur, mais pour le reste, graines y compris, cela mérite l'essai.

Une seule contrainte : il faut se précipiter, car les bonnes affaires durent peu.

Et avec ça, ma p'tite dame ?

Les plus jeunes ne s'en souviennent pas, mais il fut un temps où les marchands de lessive offraient des échantillons de leurs produits, une façon comme une autre d'**accrocher le chaland**. La version domestique et gratuite des flacons de minibars. Les horticulteurs faisaient de même, en glissant **un plant de plus à la douzaine**, ou encore en offrant une nouvelle variété à tester.

Des bonnes pratiques que l'on ne peut que recommander, au besoin en rapportant les godets vides bien rangés, histoire de relancer le mouvement. Même dans les jardineries, il arrive que l'on tombe sur des **échantillons gratuits**, notamment en début de saison : des mini-filets de dix pommes de terre, ou encore un **sachet de haricots dernier cri** avec un lot d'une ancienne variété dont vous vous contentiez jusque-là. Sautez dessus !

En revenant des soldes

Qui dit commerce moderne, dit soldes, et le monde horticole ne fait pas exception, même si cette pratique concerne surtout des **chemises canadiennes** qui vous valent d'être repéré à trois kilomètres, ou encore des pots et des sièges si bizarres qu'on se demande pourquoi on n'oblige pas les centrales d'achat à engager des femmes pour monter leurs gammes.

Peu de soldes sur les plantes, pour une raison simple : en janvier, personne ne songe à planter ; et en juin, il ne reste plus grand-chose, d'autant que chacun pense plus au parasol qu'à la bêche.

Restent les bulbes, ceux d'hiver en particulier. On trouve en effet des pochettes de **tulipes**, **narcisses** ou **jacinthes** après le Nouvel An au tiers du prix.

Passez votre chemin, car il y a de fortes chances pour que ces bulbes conservés au chaud soient dénués de toute vitalité. La seule exception concerne les **anémones de Caen**, qui sont de toute façon dures comme de la pierre.

Mais ne les plantez pas au jardin, elles y pourriraient. Faites-les prégermer dans des bacs à la maison, le temps de voir apparaître les feuilles, et installez au mois de mars ces recrues qui n'auront pas coûté cher.

La débrouille entre jardiniers a du bon

« Ne rien convoiter, c'est épargner ; ne rien acheter, c'est s'enrichir. »
Cicéron

Acheter ensemble

Ce n'est pas d'hier que l'on a imaginé acheter à plusieurs pour obtenir de meilleurs prix. Il suffit d'ouvrir un paquet de graines de légumes pour s'apercevoir que la quantité dépasse, et de loin, l'appétit des plus grands herbivores : quelle famille mange une centaine de choux par an, même chez les « ventres-à-choux » ? Autant partager ce contenu entre trois ou quatre foyers. Filets de plants de pommes de terre ou barquettes de fleurs, même combat.

Un minimum d'organisation est cependant requis pour éviter les doublons entre associés. Faites la liste commune de vos envies, taillez dans la masse, puis décidez des lieux pour commander, des sites, des producteurs à visiter, des jardineries et des fêtes des plantes. Partez en commando, en prévoyant qu'il faudra peut-être deux voitures pour tout caser. Et convoquez un huissier pour la séance de répartition…

Le cadeau qui emballe

Échanger de part et d'autre de la clôture est un grand classique entre jardiniers. Certains y voient l'occasion de recycler des plantes qu'ils ont trop vues, histoire de faire de la place, d'autres un bon moyen pour répartir les risques : si les limaces mangent tous mes plants de salades cette fois-ci, je serai bien content que mon voisin m'en donne à son tour. Mais le plus souvent, au-delà de ces calculs véniels, cela permet de conjuguer deux plaisirs : offrir et recevoir.

Le second semble évident, mais n'est pas le moindre à acquérir, notre société ayant tendance à faire passer les cadeaux pour des engagements parfois retors. Savoir recevoir sans arrière-pensée, en manifestant une satisfaction non feinte, cela n'a l'air de rien, mais il faut parfois y mettre du sien au début. Cela dit, quand votre copain Franck vous aura fait le coup, pour la troisième fois, de glisser dans le cageot des plants de son impatiens sauvage, une vraie peste, ne vous sentez pas obligé de les repiquer : au compost, un point c'est tout !

Gagnez en précision

Le soir tombe sur le jardin, tout le monde s'est attroupé près du barbecue, dont la fumée offre l'avantage de chasser les moustiques…

Votre copine **Claudine**, en croyant vous faire plaisir :

« Au fait, la fleur jaune que tu m'as donnée l'été dernier, elle est positivement SU-PER-BELLE !

– Le *Rudbeckia triloba* ou le 'Goldquelle' ?

– La jaune, tu sais, ça fait des mois qu'elle est en fleur. Tout le monde l'a repérée, ça tombe bien, on me demande son nom !

Vous, flatté et compatissant, mais voulant en savoir plus, car les deux ont des fleurs jaunes :

– Et ses feuilles, elles sont comment ses feuilles ?

– Ben, en forme de feuilles. Comment te dire, tu vois l'autre plante, là (geste vague pouvant désigner l'étoile polaire comme la niche du chien).

– Je ne t'avais pas dit son nom ?

– Oh, tu sais, moi, le latin… »

Imagine-t-on une telle imprécision entre amateurs de foot ou de conseils de maquillage ? Pas un seul instant. Alors, de grâce, un peu de rigueur dans vos cadeaux : une **étiquette** par plante, avec le **vrai nom**. Et interro surprise, par-dessus le marché !

Les glanes de graines

Un précepte anglais dit qu'on ne connaît vraiment une plante que si on l'a semée. On pourrait le compléter avec : et si l'on a récolté ses graines avant de les semer, ce qui ne va pas simplifier l'affaire des séquoiatophiles. Prélever des graines, ce n'est pas seulement une affaire de radinerie, mais aussi de perpétuation d'un geste plus que millénaire, à la base de toute agriculture.

Après la fleur vient le fruit, et dedans, les graines, c'est dans l'ordre des choses. Les emballages sont très variés, mais la fonction reste la même : contenir ces parcelles vitales à toute épreuve que sont les graines. Alors, pourquoi se priver puisqu'il n'y a qu'à tendre la main. Veillez simplement à ne ramasser que des capsules bien sèches, signe que les graines sont mûres.

De retour à la maison, triez et mettez en sachets soigneusement étiquetés, pour éviter des semis plus qu'aléatoires par la suite. Réemployez à cet usage les enveloppes des impôts ou d'EDF, ça soulage un peu…

Entre mortadelle et bifteck

1 Pour que votre **stock de graines** se conserve au mieux, rien de tel que le **réfrigérateur**. Bien serrées les unes contre les autres, les enveloppes ne prennent guère plus de place qu'un pack de yaourts.

2 Enfermez-les dans une **boîte hermétique**, histoire d'éviter l'inondation le jour où le réfrigérateur se décide à dégivrer de façon unilatérale.

3 La veille d'une fête des plantes avec **stands d'échanges**, videz votre réserve, confectionnez des petits sachets jolis comme tout, et vous aurez toutes les chances de revenir avec une moisson d'autres merveilles.

Amère découverte

La radinerie a ses limites : vouloir récupérer des graines sur des légumes hybrides ne mène pas forcément à de bons résultats. Pas plus que de récolter les graines de cucurbitacées sans précaution. Même si les abeilles ne raffolent pas de leurs fleurs, il s'en trouve toujours quelques-unes, probablement enrhumées, pour s'y frotter et, au hasard de leurs divagations, déposer le pollen d'autres cucurbitacées. Le résultat peut être épatant. Peut, seulement… Car, dans bien d'autres cas, le croisement involontaire avec des coloquintes donnera l'année suivante de drôles de potimarrons à la chair plus amère que le jour du premier tiers provisionnel !

Vive le vide-jardin !

Les trocs-plantes sont la version horticole des vide-greniers. Pour le jardinier radin, un terrain de chasse privilégié. Deux moments cruciaux, comme au marché : le tout début, quand il y a encore des plantes intéressantes, et la fin, quand tout le monde n'a qu'une envie, vider ses cageots pour aller boire un verre. Entre les deux, papoter est encore l'occupation la plus convenable, mais donner un coup de main n'est pas mal vu non plus. On peut ainsi glaner une foule d'informations, de tours de main, voire de bonnes adresses. Pendant ce temps-là, faites tenir votre stand par un enfant entre 10 et 12 ans, c'est l'âge où ils ont une passion innée pour le commerce et savent assez bien compter pour ne pas se faire rouler. De toute façon, le troc est de rigueur, donc pas de risque de se faire chiper la caisse.

Montage d'opération

Si le vide-jardin n'existe pas encore chez vous, proposez-vous pour le mettre sur pied. Ne perdez pas de temps auprès des élus : même si l'un d'entre eux est excité par l'idée, il ne vous sera d'aucune aide, sauf à mettre à votre disposition la salle polyvalente de style néo-albanais.

Mieux vaut s'en passer, d'autant qu'il suffit de quelques **copains**, de **tréteaux** et de **cageots** pour que la mayonnaise prenne. Des affichettes chez la boulangère et la pharmacienne, toutes deux fines jardinières, et un grand panneau au coin de la rue, accroché le matin même, sinon des malfaisants l'arracheront.

Limitez-vous à une matinée, avec apéro pour les amis, une belle occasion de comparer les recettes de vin de noix.

Si tout cela semble trop compliqué, susurrez l'idée à une amie, mais sur le registre désabusé : « Ce serait bien de faire un vide-jardin, mais évidemment, chez nous, ça ne marcherait pas… » Impact positif garanti, c'est ça **la paradoxe attitude** !

Louée soit la location !

On a beau dire, parfois, du matériel conséquent vous simplifie l'existence. Un échafaudage par exemple, quand il s'agit de rogner des thuyas entrés en compétition pour le Guinness des records. Ou encore un broyeur, pour les réduire définitivement en chips et récupérer le soleil du même coup. Bref, du matériel de pro tellement efficace qu'il booste la productivité du petit personnel et que l'on n'utilisera, en conséquence, que fort peu de temps. La location se justifie alors pleinement.

Reprenons l'exemple du broyeur : un modèle à moteur thermique de 9 CV, qui broie allègrement des branches de 7 cm de diamètre, est loué dans les 95 euros par jour, à comparer aux 3 000 à 4 000 euros qu'il coûte neuf, et aux 300 euros d'un broyeur électrique bas de gamme, tout juste bon à découper du rosier malingre. Comme ce broyeur de compétition va tout ratiboiser en deux heures, il suffit de trouver un autre jardinier d'accord pour accueillir la bête l'après-midi, et vous avez résolu votre problème à moins de 50 euros. Pour un peu, vous en aurez pour plus cher de bières…

Objection 1 : Et la location du fourgon pour trimballer l'engin?

D'accord, cela ajoute 60 euros, mais une fois le broyeur déchargé chez vous, le colocataire peut en profiter pour faire une tournée à la **déchetterie**, et vous, l'après-midi, pour aller chercher un plein chargement de compost pas cher à la station de compostage. Donc **d'une pierre deux coups**.

Il va de soi qu'un tel programme suppose une étude préalable concertée, l'établissement d'un itinéraire chronométré et un entraînement à l'action commando. Mais on n'a rien sans rien…

Objection 2 : Tous ces trucs à plusieurs, ça donne des embrouilles.

Pas faux, voilà pourquoi nous vous incitons à y procéder avec des relations pas trop proches, la famille étant absolument tenue à l'écart. Les occasions de se fâcher avec les beaux-frères sont déjà suffisamment nombreuses. Et cela vaut pour les familles recomposées qui risquent de se décomposer une bonne fois pour toutes au premier partage de broyeur !

Enrichir sa terre sans y laisser sa peau

« Le fumier n'est pas sacré, mais il fait bien des miracles. »
Proverbe péruvien

Opération compost

La dernière fois que l'oncle Roger est venu, son haussement d'épaules en passant devant votre présumé compost a été suffisamment explicite, accompagné du commentaire sardonique : un vrai dépotoir à maladies ! Il faut dire qu'il revient d'un stage de Guide composteur. Son diagnostic est brutal : vous en êtes encore au stade dépotoir. C'est déjà mieux que de tout jeter à la déchetterie, mais pas question d'appeler compost le résultat. D'ailleurs, vous vous en doutez bien, et ne l'utilisez qu'avec parcimonie. Pour pailler au pied de la jeune haie, pas de problème, mais le risque de ce compostage à la petite semaine, c'est qu'il n'élimine pas les graines éventuelles. Sur les bons conseils du tonton, vous avez examiné les composteurs dans le commerce qui vous semblent aussi solides qu'une promesse électorale. Heureusement, les solutions de récupération ne manquent pas…

La palette bien chargée

1 Avec quatre palettes identiques, le tour est joué. Il suffit de les poser sur champ, c'est-à-dire en hauteur, puis de les fixer par les angles à l'aide de quelques tours de fil de fer. La palette du devant restera **amovible** pour faciliter l'accès au contenu.

2 Installez le tout sur neuf dalles de béton gravillonné (moins de 10 euros), ou encore sur une plaque récupérée en métal ou en plastique costaud. Cette fondation évite de gratter le sol en voulant récupérer le compost du fond.

3 Il ne reste plus qu'à **tapisser** l'intérieur du composteur avec du carton, que vous agrafez sans plus de façons. Si vous ne le faites pas, le composteur en palettes sera trop aéré et son contenu se desséchera, ce qui n'est pas bon pour les bactéries qui abattent une bonne partie du travail.

Grâce aux mailles du grillage

1 Une autre option consiste à récupérer du grillage, de préférence galvanisé, environ 3,50 m de long sur 1,50 m de large, pour constituer un **cylindre de 1 m de diamètre** qui tient droit grâce à quelques piquets mis sur le pourtour.

2 Là encore, posez sur du dur et tapissez avec du carton ou, ce qui sera plus pratique étant donné la courbure, avec des **sacs de jute** dégotés chez un torréfacteur. N'hésitez pas à mettre deux épaisseurs pour être tranquille.

3 Pour faciliter l'ouverture, enfilez un **fer à béton** entre les mailles des deux pans, comme une **fermeture Éclair géante**.

Ici, docteur Compost

Le secret du compost tient en trois mots :

• Mélange, entre des matériaux secs et humides, riches en azote et en carbone, verts et bruns. Ces derniers, principalement les tailles d'arbustes en petits morceaux et le carton, apportent la lignine qui se transforme en humus. Ils aèrent aussi la masse.

• Humidité, car, sans elle, les bactéries se mettent en grève. Or, la phase chaude initiale a tendance à dessécher le compost. D'où l'intérêt de jeter un coup d'œil au bout d'un mois, d'en sortir une partie en tirant avec une griffe plutôt qu'avec une fourche, qui fait prendre de mauvaises positions et vous casse le dos. Arrosez alors ou, mieux encore, incorporez des éléments verts, riches en eau, comme de la tonte de gazon, mais sans excès, sinon gare à l'odeur d'écurie !

• Brassage, à faire au bout de deux ou trois mois, histoire de mélanger les parties déjà décomposées et celles à peine entamées, généralement sur les bords et en haut. Du coup, c'est la totalité du contenu du composteur qui sera mûre au bout de trois mois supplémentaires. Entre-temps, vous aurez rempli un second composteur maison, façon moteur à deux temps.

La fosse aux vers

Trouver des petits vers de terre dans le compost n'a rien d'extraordinaire. Vous êtes en présence de Monsieur (et Madame parce qu'il a les deux sexes en même temps…) *Eisenia*, le ver rouge du fumier. Un modèle de discrétion qui passe son temps à brasser la matière organique déjà décomposée par les bactéries et les champignons. Il peaufine, en quelque sorte. D'où l'idée de le mettre à contribution pour améliorer la terre, en recyclant le maximum de matériaux organiques sans passer par la case compost.

Voici comment procéder :

• Repérez un **coin de jardin où vous aimeriez installer un petit potager**, au soleil impérativement. Imaginons un carré de 3 m de côté. Creusez une bande centrale de 1 m de large sur 15 cm de profondeur et rejetez la terre sur les deux côtés. Installez deux planches de part et d'autre de cette fosse à fond plat.

• Dans cette **fosse**, vous allez jeter les déchets organiques du jardin (mauvaises herbes, tontes, tailles de haie découpées en petits tronçons au sécateur) et de la cuisine (épluchures, marc de café principalement). Après chaque apport, couvrez avec des cartons. Les planches servent à jouer aux équilibristes.

• Sur les légères buttes latérales, repiquez des légumes que vous paillez avec des tontes de gazon. Arrosez comme il convient. En un rien de temps, *Eisenia* et sa bande vont repérer cette **caverne d'Ali Baba** et y proliférer. L'ambiance générale, humide et ombragée, leur convient à merveille.

• Le printemps suivant, la bande centrale est devenue un pur bonheur, **du terreau de compétition**. Vous allez creuser alors sur un de ses côtés qui deviendra la fosse aux vers pour l'année. Encore un an, et c'est tout le carré qui sera devenu une oasis à légumes. Comme son niveau aura un peu augmenté, encadrez le tout avec des rondins, pour faire joli, et recommencez en entamant une bande centrale. **C'est tonton Roger qui va faire une drôle de binette !**

BRF « sans CNRV » !

Le BRF, ou **Bois raméal fragmenté**, tout le monde en parle, beaucoup en rêvent, peu l'ont fait. Pour une bonne raison : il faut avoir la matière première à disposition. Du petit bois pourtant, ça ne manque pas : chaque fois que vous taillez la haie et rognez les rosiers comme dans les livres, vous vous retrouvez avec un sacré tas, qui vous oblige à un voyage spécial à la déchetterie. Investir dans un broyeur (voir p. 32) ne vous enchante guère, manque de place dans la cabane et, surtout, mauvaise réputation de ces engins qui se bouchent en un rien de temps et mettent les nerfs en pelote.

La solution est à portée de main grâce à votre super **sécateur** récemment révisé et affûté : chaque fois que vous taillez, découpez les rameaux en **petits morceaux de 5 à 7 cm de long**. C'est une habitude à prendre, mais si vous le faites tout de suite, sur du matériau frais, pas de tendinite à craindre. Le volume est réduit au tiers et une simple brouette suffit à emporter l'équivalent d'un grand tas. Direction la haie et les plantations de vivaces où vous étalez ce petit bois sur deux doigts d'épaisseur, quitte à couvrir ensuite avec un peu de tontes de gazon. Le surplus peut dignement rejoindre le compost.

Algues d'eau douce

Ne pestez plus devant la présence d'algues dans votre bassin, car vous tenez là un excellent amendement azoté **gratuit**. Du coup, pas la peine d'arpenter la plage au petit matin, façon rôdeur, ni de parfumer durablement l'habitacle de la voiture pour avoir oublié un sac rempli d'algues par un après-midi torride.

1 Il suffit de **confectionner une épuisette** avec un peu de voile à moustiquaire attaché sur une ancienne raquette de tennis.

2 Passez-la dans l'eau pour récupérer le maximum d'algues et de lentilles d'eau en surface.

3 Jetez le tout dans un seau et égouttez grossièrement en l'inclinant.

4 Il ne reste plus qu'à étaler cette masse verte autour de vos tomates, salades et autres légumes voraces comme les épinards ou les céleris branches. En quelques jours, tout est fondu, pour le plus grand bonheur de la vie du sol et des racines.

Buvez, éliminez, recyclez !

« Ah, si j'avais du fumier ! » Une lamentation habituelle en milieu urbain, certains se voyant en rêve courir derrière les chevaux de la Garde républicaine pour récupérer le **crottin providentiel** (et présidentiel). Mais, à l'image de ce que proclament bien des gourous en suggérant de transférer votre compte bancaire sur le leur, la ressource est en vous, mes bien chers frères et sœurs.

Ou, plus exactement, elle s'échappe de vous chaque fois que vous urinez : car ce qui fait le **sel du fumier**, au sens propre du terme, résulte de son imprégnation par l'urine des vaches et autres herbivores. La nôtre est tout aussi riche, au point que l'on considère que ce que deux adultes rejettent permettrait, une fois l'urine restituée au sol, d'en nourrir un troisième.

Il suffit pour cela de prendre l'habitude de se soulager dans un arrosoir version XY ou un seau modèle XX, d'ajouter de l'eau et d'arroser tout de suite avec. L'effet est remarquable sur les légumes voraces et les plantes vivaces à larges feuilles.

Petit rappel de bactériologie : si vos reins et votre vessie fonctionnent bien, le liquide jaune est parfaitement stérile…

Toilettes sans eau ni papier

Les **toilettes sèches** ont le vent en poupe, façon de parler, au point qu'on en oublierait presque la version rustique de l'affaire : profiter d'une promenade au jardin pour se soulager prestement derrière un arbuste. Pas la peine de pousser de hauts cris, cela s'est toujours fait, et votre chien ne vous demande pas la permission pour larguer ses offrandes au petit bonheur ! Cela doit rester occasionnel et dispersé, **une simple question de bon sens**.

Reste la question du papier, pas toujours à portée de main dans le short ou le tablier de jardin. Après de multiples tests, la meilleure solution s'appelle ***Phlomis russeliana***, une plante vivace originaire de Turquie. La feuille nous intéresse plus que les fleurs jaunes : en forme de grande langue, un peu râpeuse dessus et duveteuse au revers, elle a la bonne dimension et la solidité requise pour rivaliser avec les meilleurs papiers toilette. **L'essayer, c'est l'adopter !**

Outils et contenants pas chers

« Conviviale est la société
où l'homme contrôle l'outil. »
Ivan Illich, *Une société sans école*

Il n'y a pas que lasure qui dure

Depuis que vous êtes devenu champion ès récupérations de palettes, votre jardin se peuple de bancs, coffres, jardinières, palissades, le tout en bois blanc, sapin ou peuplier. Pas durable pour un sou, mais comme c'est gratuit…

Hors de question de badigeonner le tout avec de l'huile de vidange usagée, comme persiste à le faire votre voisin Raymond, pas plus qu'avec du goudron de Norvège, malgré son appellation sympathique : la solution soft existe et s'appelle « huile de lin ». Pas celle des magasins bio ou diététiques, il faudrait braquer une banque pour s'en payer un litre ! Pas plus que celle, trop nauséabonde, des magasins de bricolage, mais une huile pressée à froid[1], à laquelle vous ajoutez le même volume d'essence de térébenthine pure gemme (du Portugal de préférence, car elle cause moins d'allergies).

Comme le bois boit beaucoup, il faut 1/2 litre de ce mélange par mètre carré. Laissez imprégner et sécher pendant une semaine, sinon vous en aurez partout sur vous.

1. Huilerie Coache, Moulin de Villeroy, 80150 Vitz-sur-Authie. Tél. 03 22 29 21 61. www.coache.fr
Earl Joiris, 54, rue de l'Orme-Creux, 91410 Corbreuse. Tél. 01 60 81 90 62.

Une main douce dans un gant de cuir

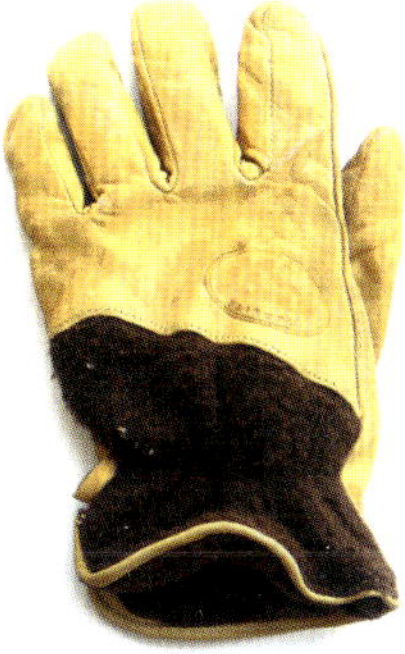

Seuls à protéger des épines, les bons gants de cuir coûtent cher et leur principal défaut est de prendre la texture du carton pour peu qu'on les ait utilisés après la pluie.

• **Première précaution :** ne jamais les faire sécher brutalement sur un radiateur, mais, au contraire, le plus tranquillement possible.

• **Seconde précaution :** le mieux consiste, Messieurs, à offrir à Madame un joli flacon d'huile de ricin bio si réputée pour donner du tonus aux cheveux secs. Profitez-en pour en chiper un peu et la passer sur vos gants, sans oublier quelques gouttes dedans. Ils resteront divinement souples, sans craquer aux jointures. Et comme l'huile de ricin rend les ongles plus beaux et plus forts, économie de manucure en vue…

Pour vous, Madame, c'est simplement un flacon de plus sur l'étagère… de la pharmacie, car n'oubliez pas que cette huile est aussi un purgatif sévère, à mettre hors de portée des enfants !

Le sécateur du radin remis à neuf

Parmi les bons conseils qui fondaient l'économie du foyer, le manuel de tante Georgette aurait pu mentionner : **acheter peu mais bien**, et prendre pour exemple le sécateur. Les modèles courants se perdent à raison d'un par semestre.

Un modèle professionnel, beau comme un instrument de chirurgie, coûte trois fois plus, mais dure vingt ans, seulement à condition de choisir un **démontable** et de le réviser une fois l'an.

1 Dévissez tout ce qui peut l'être, pour une petite trempette dans le vinaigre d'alcool pendant une heure. L'acide acétique dégraisse et élimine les petites traces de rouille.

2 Rincez et séchez ensuite avec un chiffon doux, puis remontez sans rien oublier.

3 Enfin, ajoutez un peu de graisse sur l'axe et le ressort, ou encore à l'intérieur de la poignée tournante pour les modèles qui en disposent.

4 Il ne vous reste plus qu'à affûter la lame.

Drôle de binette

Beaucoup confondent houe et binette, et se servent de cette dernière comme si le but était de décapiter les taupes. La lame mince de la binette est destinée à **décroûter**, sans plus. Si cela vous semble pénible, c'est probablement parce que son tranchant est émoussé.

1 Passez-la tout d'abord sous l'eau pour enlever toute trace de terre.

2 Puis bloquez-la contre un dallage en mettant le pied dans le col de la binette.

3 Prenez une lime à métal ou un tiers-point (précision juste destinée à briller auprès de votre pote Sébastien quand vous allez lui emprunter cet outil). Le tranchant se fait sur une seule face, en biais. Au final, la lame doit couper comme un couteau.

Porte-outils de maçon

On s'est tous retrouvés un jour avec une bosse au front en mettant le pied sur un outil traînant au fond de la cabane.

1 Un bon remède préventif consiste à poser au sol, contre un mur, deux largeurs de **parpaings**, les alvéoles au-dessus.

2 Enfoncez les manches des outils dedans, puis laissez-les reposer sur le mur, bien distancés les uns des autres, et donc plus faciles à prendre.

3 Ainsi, pas la peine d'investir dans les porte-outils du commerce, compliqués et pas forcément si pratiques que cela, le pompon étant détenu par ceux où il faut tout sortir pour se saisir de l'outil qui est au fond !

Tous à la douche !

Nos députés ont peut-être mieux à faire, mais est-ce si sûr ? Une loi interdisant les **lances d'arrosage** est indispensable. Nous voulons parler ici de ces pistolets à la gâchette facile, dont les différentes positions permettent de passer d'un brouillard imperceptible, et donc totalement inutile, à un jet capable de transpercer la carapace d'un **glyptodon** (devenu relativement rare au jardin, mais j'adore ce nom). Ces pistolets mis entre les mains de débutants, et on peut le rester longtemps en matière d'arrosage, conduisent à des ravages dans les jeunes plantations : imaginez **la claque** pour une tomate bichonnée jusque-là !

1 La solution, peu coûteuse, consiste à enfoncer une pomme d'arrosage en métal galvanisé au bout d'un morceau de tuyau muni d'un raccord rapide.

2 L'eau formera alors une douche apaisante, au débit tout à fait suffisant, pour imbiber le sol en profondeur.

3 Comptez lentement, jusqu'à 20, avant de changer de place. Pendant ce temps, vous pouvez désherber tranquillement un peu plus loin…

Un solide coup de fourchette

Parmi les cadeaux traditionnels tristement révolu figure la ménagère, ce coffret de couverts plus ou moins argentés que l'on offrait au jeune couple en guise de talisman pour un avenir réputé heureux.

Oublions les symboles et regrettons simplement la **fourchette à rôti**, solidement emmanchée et si pointue. Rien de tel pour travailler le sol sur les micro-parcelles du potager en carrés, ou encore **émietter la terre** dans la rocaille avant une nouvelle plantation. Par chance, on peut en trouver pour presque rien dans les brocantes.

La faucille en or

Foin de **débroussailleuse**, comme aurait dit le poète. Apprenez à vous passer de ses décibels avec cet **outil ancestral** dont on dit qu'il figurait déjà dans la panoplie du paysan égyptien au néolithique, la **faucille**.

Ou, plutôt, les faucilles : **la classique, à manche coudée,** adoptée par tous les éleveurs de lapins pour la coupe de l'herbe en bord de route ; **celle à dents,** capable de trancher des tiges coriaces, la seule utilisée autrefois dans les champs de lavande ; ou **le modèle à broussailles,** à lame encore plus épaisse.

1 Pour bien se servir d'une faucille, il faut commencer par des exercices d'assouplissement, genoux et lombaires en priorité.

2 Puis retrouver le foutu gant gauche (ou droit pour les gauchers) qui va protéger la main qui ne porte pas l'outil. Pas indispensable, mais la greffe des doigts reste un moment difficile.

3 Les premières fois, modérez vos envies et contentez-vous de couper 1 m^2 proprement. L'ivresse de la faucille, ce sera pour plus tard.

4 Le meilleur moment pour faucher est le matin, quand la rosée est bue et l'herbe bien dressée. D'où l'intérêt de confiner **Gustave, le labrador,** qui manifeste son empathie en se roulant dans l'herbe susnommée.

La loi de la jungle

S'il s'agit d'attaquer la broussaille, épineuse de surcroît, prenez, en plus de la faucille, une scie dans la main inutile : elle vous servira à diriger les ronces déjà coupées hors du champ d'action. En travaillant ainsi à distance, vous ne risquez rien et jubilerez en dénichant les nœuds de cette intrication végétale.

Comme souvent en jardinage, le but n'est pas d'aller vite, mais d'y mettre le soin nécessaire pour ne pas avoir à y revenir avant longtemps.

Bilan d'une demi-heure de faucille : un léger dégagement de transpiration et de gaz carbonique, et si peu de décibels que Gustave a profité pleinement de sa sieste. Voilà qui tombe bien : attelez-le à la brouette pour transporter les broussailles et l'herbe vers le tas de compost.

Kniphofia ? À vos souhaits !

La saviez-vous ? Le **raphia** n'est autre que la **feuille d'un palmier malgache** séchée, puis découpée dans le sens des fibres pour donner ce lien si solide. Acheter du raphia naturel est donc un geste éco-citoyen, mais on le trouve de plus en plus difficilement.

Pas question de se rabattre sur de l'artificiel, vous trouverez l'équivalent dans le jardin à condition de cultiver quelques pieds de **kniphofia** : cette belle plante sud-africaine forme des touffes de feuilles élancées. Les fleurs surgissent en début d'été, grappes portées au bout de solides hampes, souvent bicolores, jaune et orangé, mais aussi jaune tendre, ce qui fait moins fête foraine. Mais ce sont les feuilles qui nous intéressent : ces **lanières** supportent d'être nouées et tiennent plusieurs semaines, ce qui est suffisant pour les tomates et bien d'autres attaches temporaires.

VTT = Vrai Tuteurage Tranquille

On ne le dira jamais assez : encourageons nos enfants à faire du VTT ! On y gagne des samedis après-midi tranquilles pendant qu'ils font de la compétition (sauf si vous êtes de corvée pour le transport...). Avec un peu de chance, ils ramènent des trophées que vous négocierez un jour ou l'autre contre des fourchettes à rôti lors d'un vide-grenier. Mais, surtout, le VTT est une occasion rêvée pour fournir des **chambres à air usagées**, une vraie bénédiction.

Rien de tel, en effet, pour tuteurer en douceur de jeunes arbres en faisant un « 8 » de façon à isoler l'écorce de tout frottement dangereux. Le mieux consiste d'ailleurs à placer deux tuteurs de part et d'autre pour faire un « double 8 ». Avec la chambre à air, **pas de risque d'étranglement** au bout d'un an.

Le coup du bambou

Nostalgiques du pont de la rivière Kwaï, votre heure de gloire est arrivée.

1 Commencez par dénicher dans le quartier un coin de jardin où des bambous plantés sans précaution dans les années 1990 menacent l'équilibre nerveux des occupants en les plongeant dans une obscurité perpétuelle. Compatissez et proposez d'alléger leur peine.

2 Pour couper des bambous, même costauds, un **ébrancheur**, sorte de sécateur à longs manches, suffit. Et pour diminuer le volume à transporter, coupez les ramifications le plus ras possible pour ne pas vous blesser ensuite. Cette masse verte restera au pied des bambous pour s'y décomposer et nourrir les racines.

3 **Liez les cannes en fagots** susceptibles de passer par la vitre du passager si leur longueur dépasse celle du coffre, une fois les sièges arrière rabattus. Et attachez un chiffon rouge !

Tuteurs à la redresse

1 Une fois arrivé au jardin, triez parmi les cannes, les plus solides servant directement à tuteurer les légumes qui l'exigent. Attachez-les avec… de la chambre à air (voir p. 58), idéale, car elle ne glisse pas sur eux.

2 Mais que faire des bambous plus minces et flexibles ? Des entretoises, pardi ! Les gros bambous ont, en effet, la fâcheuse tendance à godiller dans leurs trous à force d'être balancés par le vent, et c'est toujours en plein été qu'ils se décident à flancher, entraînant par terre le pied de tomate au plus fort de sa production, sinon où serait la drôlerie !

3 En tricotant des liaisons entre eux et les bambous plus fins, vous constituerez une structure souple, capable d'amortir les pires rafales.

Un autre emploi tout désigné :

1 Enfoncez par les deux bouts ces bambous assez souples pour former un petit arceau. Rien de tel pour soutenir une touffe de plantes vivaces au moral avachi, et vous ne courez pas le risque de vous éborgner en voulant couper une fleur.

2 Une fois répétée, la même opération donne naissance à des bordures qui, pour temporaires et gratuites qu'elles soient, suffisent à indiquer au chien que là commencent les territoires interdits. Compris, Gustave ?

La seconde vie d'un sac

Si les sacs de terreau ont une couture, à quoi est-elle destinée selon vous ? À servir de guide quand vous l'ouvrez, le plus précisément possible, d'un trait de couteau. Car pas question d'écharper une enveloppe aussi précieuse.

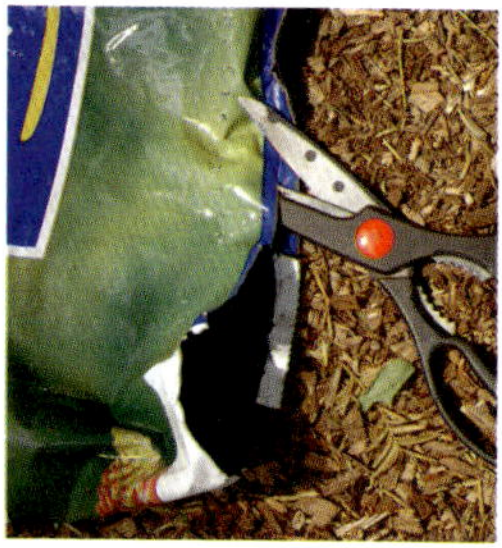

Vide, un **sac de terreau** peut servir à transporter une foule de choses, dont du **compost**.

Ou encore à mettre de côté les **godets et conteneurs vides**, qui ne pèsent rien et peuvent alors être suspendus au toit de la cabane à un simple clou.

Un sac de terreau au **bord roulé façon chaussette** et à demi rempli de compost peut accueillir une tomate ou un poivron. Il suffit de percer quelques trous au fond pour que l'eau en excès puisse s'écouler.

Quand il a déjà bien rendu service, le sac, une fois coupé sur sa longueur, devient **paillage temporaire** autour d'un jeune arbre fruitier.

En fin de course, il rejoindra le bac à plastique pour une nouvelle vie, car il est généralement fait de polyéthylène, donc accepté au recyclage.

La marée, c'est rigolo

Militons pour le maintien des marchés traditionnels, sinon où trouver des rognons de veau dans leur graisse ou du brie de Melun fait à cœur, sans oublier les huit variétés de pommes de terre et leur marchand légèrement neurasthénique…

Mais aussi la fin du marché permet de récupérer cette manne que sont les **bacs à poisson**. Généralement recyclés, ils sont assez nombreux pour que vous puissiez en prélever quelques-uns pour la bonne cause.

1 Sitôt rentré : **lavez** pour éliminer l'odeur tenace de poisson, puis faites sécher au soleil.

2 Récupérez un reste de peinture acrylique pour badigeonner l'extérieur et les bords intérieurs, mais pas le fond qui sera caché.

3 Remplissez enfin avec un **mélange de terreau** et de **compost** mûr, puis plantez. Un grand bac peut accueillir une tomate, un poivron, trois pieds de basilic et un œillet d'Inde pour la couleur.

Un autre se transformera en **usine à crudités** avec salades variées, persil et ciboulette. En fin d'été, des choux de Chine y seront à l'abri des limaces, pour peu que vous suréleviez le bac sur quelques briques.

De la maison au jardin : détournement et récupération

« Je n'ai jamais pu faire un concours de beauté : on me colle toujours dans le jury. »

Pauline Carton

Comment faire un carton

Si notre société était bien faite, fouiller les poubelles des supermarchés à la recherche de cartons figurerait parmi les loisirs encouragés, avec ateliers pour enfants et seniors, et même clubs d'échanges.

On apprendrait dès l'école à sélectionner les cartons les plus pratiques : épais et presque sans impression dessus. Et surtout pas trop emmaillotés d'adhésifs, qui sont tout sauf biodégradables.

Vous avez sûrement entendu dire qu'il fallait se méfier comme de la peste de l'encre d'imprimerie et que le carton, ou la colle qu'il contient, est pétri aux métaux lourds. Laissez courir ces rumeurs sans fondement, cela vous fera plus de cartons à récupérer…

Pour en faire quoi ? On n'a pas trouvé mieux pour étouffer la végétation au sol, même le chiendent n'y résiste pas. Impeccable aussi pour entourer la base des arbres et des arbustes nouvellement plantés, histoire de conserver l'humidité sur place.

La seconde vie des moquettes

Gérard a enfin consenti à arracher la **moquette murale** de la chambre des enfants. Faites comme lui et stockez les rouleaux bien ficelés près de la cabane à outils. Il n'y a pas mieux pour couvrir ensuite les allées du potager et les futurs massifs avant toute plantation.

Bien sûr, vous aurez réussi le tour de force de réunir la famille pour gratter les restes de colle, pas franchement de mise au jardin.

Récompense : la moquette garantit de circuler confortablement, même pieds nus en été.

Le potager en carrés prend de la hauteur

Créer un potager en carrés sur un **balcon** pose parfois des problèmes, car la place manque déjà pour circuler. Et puis, si le garde-fou est opaque, la partie au sol est peu éclairée, or les légumes apprécient de recevoir le maximum de lumière.

Une façon simple d'en récupérer consiste à surélever le potager. Mais sur quoi ? Les cartons vont nous tirer d'affaire.

1 Lors de vos tournées de récupération, mettez de côté les **cartons à double cannelure** et, si vous tombez sur un modèle cubique de **60 cm de côté**, c'est le jackpot.

2 Arrivé à la maison, reconstituez-le à l'aide d'adhésif. Puis enfermez-le dans un sac poubelle neuf que vous nouez soigneusement. Ainsi protégé de l'humidité, le carton formera une base solide.

3 Posez dessus le cadre de bois, en planches de palettes par exemple, qui constitue les côtés du potager. Tendez deux ficelles pour obtenir quatre carrés de 30 cm de côté.

4 Semez et repiquez en respectant les densités. Si le carton n'est pas cubique mais rectangulaire, cela ne fait rien, le tout étant qu'il ait au moins **deux faces carrées**. En revanche, ayez l'œil sur les **doubles cannelures**, car elles assurent la solidité de l'ensemble.

Une fois que vous avez compris **l'intérêt du carton emballé**, vous pouvez imaginer des structures plus ambitieuses, façon arc de triomphe, avec deux cartons identiques et reformés pour donner les piliers, supportant un autre carton costaud, du genre de ceux qui emballent les télés grand écran, mis à plat pour former la table. Tant qu'il est protégé de l'humidité, le carton est vraiment à toute épreuve…

Origami horticole

1 Récupérez quelques quotidiens, de préférence grand format, et découpez-les en bandes.

2 Prenez un verre à whisky et enroulez le papier autour, en prenant soin de le laisser dépasser du fond d'environ 3 cm. Pliez ce débord vers l'intérieur, puis posez-le sur la table et appuyez fortement.

3 Il ne reste plus qu'à sortir le verre, et **le pot tient tout seul.** Pour peaufiner, pliez le haut en ourlet.

4 Par la suite, enterrez la motte avec son emballage de papier qui se décompose en un rien de temps. Seule précaution : pas de papier glacé, les plantes ont peu d'affinité avec le people…

Pot pas mieux faire !

« Dépêche-toi de finir ton yaourt, j'ai des poivrons à repiquer ! »

Les petits pots carrés font perdre moins de place que les ronds. Les translucides permettent de suivre le développement des racines, une jolie leçon de biologie végétale que le petit dernier devrait apprécier, surtout s'il s'agit de plants de fraisiers.

Pour une brique, t'as deux pots

Lait, jus de fruit, soupe… c'est fou le nombre de **berlingots** que l'invention du docteur suédois Ruben Rausing nous fait passer entre les mains (si l'une de ses petites-filles cherche à apprendre le compostage, voire plus si affinités, qu'elle pense à moi).

Coupée en deux dans le sens de la longueur, la brique donne naissance à **deux terrines à semis**. Coupée à la moitié de sa hauteur, sa base donne un pot cubique dont il suffit de percer le fond pour assurer le drainage. Le haut peut servir d'entonnoir à placer au pied des tomates pour mieux localiser l'arrosage.

Dans de beaux draps

Pour éviter que leur basilic ne crame au soleil, les jardinières hellènes le couvrent de linge l'après-midi. Reprenez cette idée pour confectionner une **ombrière** avec les draps blancs de tante Louisette, usés jusqu'à la trame. Vos repiquages de salades, en été, vous en sauront gré.

Il suffit de fixer le drap à du **fil de fer** tendu entre des piquets grâce à quelques **épingles à linge**, pour rester dans l'univers lessive. Et, si votre voisin agacé vous demande pourquoi vous obstiner, au bout de la dixième fois où il vous rendra le drap envolé par-dessus la clôture, répondez-lui simplement : « Land art », et retournez à vos semis…

Enfin, un voile recommandé

Il y a des moments comme ça, où on a envie de vivre sans rideau, en pleine lumière. Pas question pour autant de jeter les voiles transparents : le polyester peut vous rendre un fieffé service si vous tenez à ce que vos **carottes** ne soient pas véreuses.

1 Posez le voile sitôt le semis achevé, en laissant un peu de mou.

2 Dès que les plantules se développent, surélevez avec quelques rameaux de noisetier enfoncés en arceaux. La maille est si fine que la redoutable mouche de la carotte ne peut pas s'introduire dans cette **moustiquaire improvisée**.

3 Le même dispositif convient pour protéger les **poireaux** d'une autre teigne tout aussi indésirable, et bien entendu les **pommes de terre** qui vivront heureuses à l'abri du doryphore.

Un ver rouge, ça va !

Banni le temps où l'on forçait les enfants à finir leur soupe pour grandir ; ils réclameront double dose en pensant aux épluchures destinées à nourrir leurs bébés, enfin plus précisément les vers rouges qui grouillent dans la vermicaisse à côté du frigo.

Grâce à Émilie, leur institutrice aux doigts verts, ils ont été initiés au lombricompostage, et ces petits éco-dictateurs vous obligent désormais à mettre de côté les épluchures et le marc de café.

À charge de revanche : sitôt qu'ils sont partis pour l'école, ouvrez le robinet et récupérez le jus noir, peu appétissant et pourtant inodore. On n'a pas trouvé mieux comme engrais liquide pour les plantes d'intérieur. Vos orchidées en seront folles, et ça n'a pas de prix.

L'apéro finit forcément par un pot

La lecture de la composition du dernier paquet d'amuse-gueule vous a terrassé : 476 kcal pour 100 g grignotés en un rien de temps !

Changement de régime : mettez tout le monde aux fruits secs et aux olives bio. Et récupérez les **noyaux** et les coques en proposant aux invités un concours de lancer de précision. Ça n'a l'air de rien, mais en y ajoutant les **bouchons de liège** découpés en rondelles et les **piques** à mini-saucisses, vous aurez de quoi assurer le drainage de quelques pots.

Évidemment, cela ne sera pas suffisant pour un grand bac, mais, pour des pots à plantes succulentes, votre collection de joubarbes par exemple, c'est parfait : il suffit d'en mettre sur deux doigts d'épaisseur (sans glace, évidemment).

La bouteille à la terre

Une bouteille d'eau vide en plastique, **coupée en deux**, devient un pot à réserve d'eau. Il suffit pour cela d'enfoncer la partie portant le col dans celle qui constitue la base.

Remplissez le goulot avec du gravier, puis complétez avec du terreau et repiquez le plant. Quand vous arrosez, l'eau en trop stagne au fond et remonte ensuite par capillarité.

Arrosage localisé

La bouteille une fois débarrassée de son fond constitue un entonnoir que vous enfoncez près d'une plante spécialement gourmande en eau : **tomate** et **aubergine** au potager ou **laurier-rose** sur la terrasse.

Quand vous arrosez, remplissez la bouteille et l'eau percolera tranquillement par le bouchon que vous aurez percé avec un clou chauffé au rouge. **Ainsi, pas d'eau sur les feuilles**, d'où moins de risque de maladie, et des racines abreuvées au goutte-à-goutte.

Mangeoire aérienne

1 Conservez une **bouteille** avec son bouchon que vous vissez. Percez le col de la bouteille avec une grosse pointe chauffée au rouge pour obtenir des trous de 1 cm de diamètre environ, où les **oiseaux viendront picorer**, et percez aussi un trou dans le bouchon. Coupez maintenant la base de la bouteille et percez d'un trou le fond.

2 Passez une **ficelle** dans le bouchon en la nouant à l'extérieur à un bambou par une boucle. Les oiseaux viendront se poser sur le bambou. Puis faites ressortir la ficelle par le fond ouvert de la bouteille.

3 Maintenez d'une main, grâce à la ficelle, la bouteille renversée et remplissez-la de l'autre main avec un **mélange de graines**. Reprenez ensuite le fond coupé et percé de la bouteille qui va devenir couvercle et faites passer la ficelle dans le trou. Accrochez alors la mangeoire à une branche d'arbre.

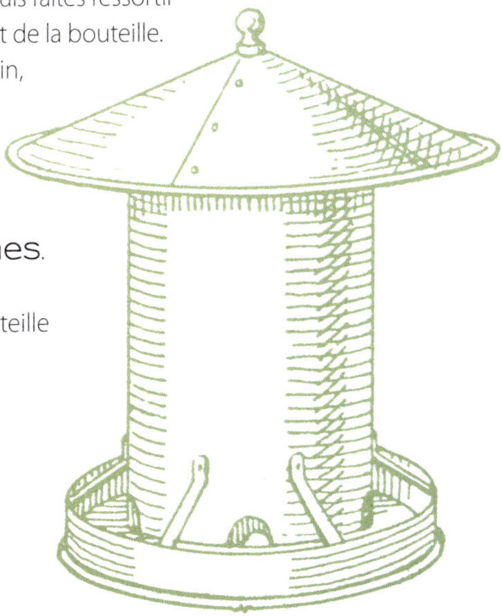

Miniserre

Vous n'y pouvez rien, vos envies de **tomates précoces** vous poussent chaque année à tenter un repiquage fin avril. Même si les risques de gelées sont réduits, il ne fait pas toujours bien chaud la nuit.

Protégez chaque plant avec une bouteille d'eau dont vous aurez coupé le fond, en l'enterrant de 2 cm pour qu'elle ne s'envole pas au moindre vent.
Le goulot ouvert évite les coups de chaud durant l'après-midi.

Astuce belge?

Tous les bons livres de jardinage insistent sur ce point : il faut soigner le **drainage** des plantes en pots ou en jardinières.

Vérifiez donc que les trous au fond soient opérationnels et doublez la mise en disposant une couche de matériau drainant sur au moins un tiers de la hauteur dans les grands pots. Ce n'est pas de la place perdue, car les racines s'y faufileront avec félicité.

Mais pas la peine d'acheter des billes d'argile expansée, les **canettes** de bière et autres boissons énergisantes feront l'affaire, une fois que vous les aurez nerveusement écrasées d'un coup de talon sur le côté.

Maniaques du recyclage à tout crin, ne hurlez pas, car les canettes en alu pourront rester intactes, et donc finir leur vie dans les bacs adéquats, une fois qu'elles ne seront plus utiles sous le laurier-rose du balcon.

Ça pétille

Qui dit boisson gazeuse dit souvent bouteille en plastique renforcé. Exactement ce qui convient pour des **étiquettes maison** de toute première qualité. La couleur verte ou bleue étant de mise pour les eaux gazeuses, cela ne déparera pas le jardin.

1. Il suffit de couper le cylindre central de la bouteille en lanières de 2 cm de large.
2. Écrivez dessus avec un feutre indélébile ou, plus chic, avec un feutre blanc.
3. Pour que l'étiquette s'enfonce mieux dans la terre ou le terreau, coupez l'une de ses extrémités en biais.

Toujours plus sans se ruiner

« Si vous achetez une vache, vérifiez toujours que la queue est comprise dans le marché. »

Proverbe indien

L'An œuf !

Comparez le prix du plant de pomme de terre en filet et en clayette : du simple au double. La différence tient au fait que, dans la clayette, le plant est rangé, ce qui permet au germe dominant, en fait le **bourgeon terminal** de cette tige raccourcie qu'est une pomme de terre, de prendre le dessus. Il ne sera pas étiolé comme cela peut arriver en sac. Pour obtenir cette qualité à la maison, rien de plus simple :

1 stockez les **boîtes à œufs vides** et placez-y les tubercules à raison d'un par alvéole, en disposant le germe le plus développé en haut. S'il n'apparaît pas, regardez de plus près : il est forcément à un bout, l'autre correspondant à la cicatrice de la tige souterraine qui a nourri le tubercule.

2 Placez ensuite les boîtes et leur contenu **à la lumière**, dans une pièce à peine chauffée.

3 Vers la **mi-mars**, plantez en commençant par les variétés primeurs si vous en avez plusieurs.

Germinal

Même si les producteurs de plants germés ont fait des efforts en proposant des filets de vingt tubercules, c'est parfois trop, surtout si l'on souhaite panacher au maximum pour plus de diversité dans l'assiette. Si le hasard vous amène à dénicher des variétés amusantes dans votre magasin bio, n'hésitez donc pas.

1 Mettez **le plus gros tubercule** de côté, notez dessus le nom de la variété au feutre et cuisinez le reste.

2 Placez le tubercule sélectionné à la lumière et laissez les germes se développer.

3 Quand ils ont 3 cm de long, séparez-les du tubercule d'un coup sec et mettez-les en pots, comme vous le feriez d'une banale bouture, en laissant juste dépasser la pointe.

4 En mars ou avril, repiquez au jardin ces jeunes plants déjà bien enracinés. Avec un peu de chance, le tubercule initial donnera naissance à cinq ou six jeunes plants… et finira dans la soupe du chien !

À gourmand, gourmand et demi

Rien de tel que quelques pieds de tomates sous un tunnel plastique pour narguer les voisins **en en cueillant dès le 14 juillet**, même si la météo du début d'été est décevante.

Il suffit, pour cela, de les installer à la **fin avril**, puis de les conduire sur une seule tige pour concentrer la végétation sur le premier bouquet. Supprimez alors les jets qui apparaissent à l'aisselle des feuilles, appelés **« gourmands »**, car on les soupçonne de téter la sève au détriment des fruits en formation, ce qui n'est pas tout à fait faux.

Mais pas question de les perdre : ces tiges pleines de fougue sont capables de s'enraciner en une semaine à peine, en pots individuels ou même directement plantées dans la terre chaude du tunnel. Après des débuts difficiles, la végétation va s'emballer d'un coup.

Au bilan, vous aurez le double ou le triple de plants de tomates, dont certaines vont donner très tôt, les autres prenant le relais un mois plus tard, ce qui vous garantira des récoltes abondantes en fin d'été.

Plus le fraisier file, mieux c'est...

Le type qui a inventé le terme de « **remontant** » pour des fraisiers qui ne grimpent pas a jeté la confusion dans les esprits pour un bon moment. Il aurait mieux fait de dire « fraisier à répétition », car ce qui se passe en été chez ces variétés est une sorte de **printemps revisité**, avec formation de nouveaux boutons à fleurs qui s'épanouissent vers la mi-août et mûrissent leurs fraises pour la rentrée.

Moralité, plus il y a de tiges qui apparaissent après la première floraison de mai, mieux c'est.

1 Pour cela, paillez avec de la tonte de gazon et posez une pierre juste avant chaque naissance de feuille pour favoriser l'enracinement qui se produit à ces nœuds.

2 Guidez les stolons pour occuper au mieux l'espace. Si les cailloux manquent, des agrafes en fil de fer feront l'affaire.

Framboise et tais-toi !

C'est ainsi : on a envie de toujours plus de framboisiers au début… et on ne sait plus comment les arrêter ensuite. Pour résoudre le premier problème (le second étant une affaire de binette bien aiguisée), la solution s'appelle « bouturage de racines ».

1 Cela paraît cruel, car il faut sacrifier un plant tout juste âgé d'un an et l'extraire du sol avec le maximum de racines, en mars.

2 Posez le tout sur un bac à poisson à demi rempli de terreau, puis découpez les racines aux ciseaux, sans faire de cadeau.

3 Jetez la tige, saupoudrez un doigt de terreau sur l'émincé de racines obtenu et arrosez. Puis oubliez, le temps qu'apparaissent de minuscules plantules, qui ne sont autres que des bourgeons racinaires en développement.

4 Un mois plus tard, vous pouvez les séparer et les repiquer dans des godets, ce qui vous donnera autant de nouveaux plants. Ils ont l'air gringalet, mais leur vigueur vous étonnera dès le printemps suivant.

Vivaces, combien de divisions ?

Les plantes vivaces sont le **jackpot** du jardinier radin. Mise de fond : un godet de rien du tout et, après quelques années, on se retrouve devant des touffes de 1 m^2, donc de quoi procéder à des échanges fructueux.

L'arithmétique des vivaces est toute en paradoxe, car on les **multiplie par division**. Une fois passé ce jeu de mot éculé, en quoi cela consiste-t-il ? Extraire la souche, se saisir d'un grand couteau pour récupérer le maximum d'éclats munis de préférence de racines, les meilleurs étant ceux situés en périphérie. Voilà pour la théorie, et ça marche fort bien… à une condition : connaître le bon moment.

Trois principes pour vous y retrouver :

- On éclate systématiquement les touffes offertes par les amis au lieu de les mettre en place telles quelles, car le choc de la transplantation est de toute façon trop brutal.
- Il vaut mieux opérer quand la plante est au repos, mais s'apprête à redémarrer.
- Moins longtemps les jeunes plants restent ensuite en godets, mieux c'est pour eux.

Au printemps, les asters

Un premier exemple qui vaut pour la plupart des fleurs vivaces à floraison estivale ou automnale, celui des asters. Votre cousine Monique vous a enfin autorisé à prélever des rejets dans sa bordure d'asters bleu foncé.

1 Manœuvrez pour vous faire inviter en mars, au moment où leur végétation redémarre tout juste. Trois coups de bêche plus tard, la soustraction se voit à peine.

2 À la maison, séparez les rejets, chacun disposant d'un départ de tige et de racines.

3 Replantez tout de suite dans un coin du potager, et les asters seront magnifiques dès le premier automne.

4 Au printemps suivant, vous n'avez plus qu'à mettre en place définitivement.

Juste après leur floraison, les géraniums

Pour beaucoup de vivaces à floraison printanière, le meilleur moment pour les diviser se situe juste après leur feu d'artifice. Elles se préparent au **repos estival** et, si vous installez les éclats dans un **grand bac à poisson** placé à l'abri du soleil de l'après-midi, la reprise est assurée. Il ne reste plus qu'à mettre en place à l'automne et, dès le printemps suivant, votre capital a explosé.

Une solution d'attente

Vous venez d'acheter une vivace en godet, mais elle est trop jeune et le moment de l'année ne se prête pas à sa division. Élevez-la comme un pro, pour en faire un pied mère.

Un conteneur de belle taille, récupéré après une plantation d'arbuste, est parfait pour l'héberger pendant plus longtemps : le temps qu'elle triple de volume.

Pas la peine de le remplir complètement : il vaut mieux poser directement la motte du godet d'origine sur le fond, puis combler autour d'elle, donc à mi-hauteur seulement du conteneur. Les arrosages seront plus faciles.

Cette solution transitoire permet d'attendre quelques mois pour procéder à la division au meilleur moment, tout en surveillant votre vivace plus facilement qu'au jardin.

Semis en pleine lumière

Vos premiers semis à la maison se sont soldés par une forêt de plantules squelettiques qui ont grillé après le repiquage, en moins de temps qu'il n'en faut pour choper la varicelle. Ne cherchez pas la raison : s'il fait assez chaud pour que les graines lèvent en abondance, la lumière manque, à moins que vous n'habitiez sous une verrière.

Du coup, les plantules sont étiolées et trop tendres.

La solution s'appelle « éclairage artificiel ». Depuis que les orchidées sont cultivées en intérieur, le choix de lampes s'est beaucoup élargi. Les tubes fluorescents sont le meilleur compromis pour un jardinier radin, grâce à leur consommation vraiment minime (moins de 50 W). Comme ils ne chauffent pas, vous pouvez les disposer à 10 cm des terrines à semis et réussir même près d'une fenêtre au nord. À vous les plants trapus dignes de professionnels !

Comment détenir le ruban ?

Les **rubans de graines** existent depuis longtemps pour faciliter la vie du jardinier débutant : on n'a qu'à les étaler, arroser et les plantules surgissent, impeccablement distancées. Mais tout cela a un prix : autant les faire soi-même.

1 Procurez-vous l'**adhésif** qui sert à protéger les vitres avant de peindre les fenêtres. Le moins cher convient, c'est-à-dire celui qui colle à peine et complique en fait la vie du bricoleur. Déroulez une longueur que vous maintenez à plat, côté collant sur le dessus, en calant chaque extrémité sous un livre.

2 Mettez une pincée de graines dans la paume d'une main, des **radis** en guise d'exercice. De l'autre main, prenez les graines par deux ou trois et disposez-les tous les 3 cm, en vous aidant d'une règle posée à côté du ruban. Appuyez à peine dessus, la colle fait le reste.

3 Enroulez le ruban pour le sortir au jardin et le dérouler au fond d'une saignée faite dans la terre meuble du potager.

4 Éparpillez un peu de terreau, histoire de cacher les graines, et arrosez. Vous obtiendrez un rang parfait.

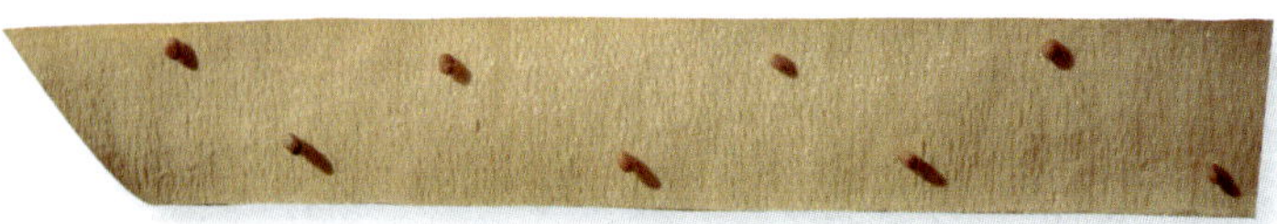

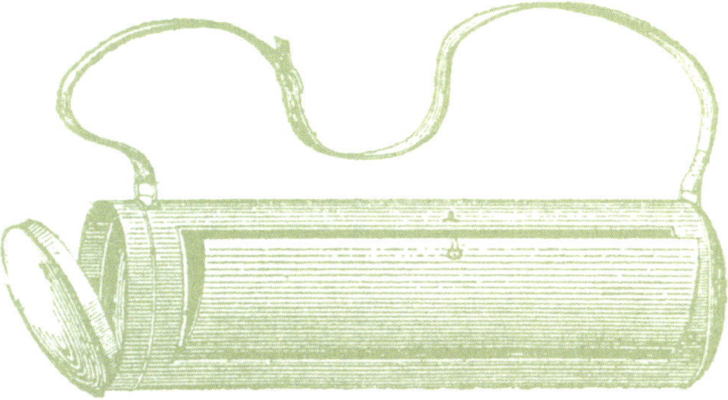

Bouture à prix zéro

Il n'est pas de plus grand plaisir que de chiper des boutures en se promenant, mais que cela reste entre nous. Soyez discret et ne prenez que des échantillons. Les habitués ont toujours sur eux un couteau suisse pour l'occasion, ou se laissent pousser l'ongle du pouce, c'est à cela qu'on les reconnaît…

Les meilleures boutures se prélèvent en **août**, sur des extrémités de **pousses** encore assez **tendres**. À ce stade, le flétrissement rapide est inévitable, d'où l'intérêt de toujours disposer d'un sac plastique au fond d'une poche. Placez-y les boutures au fur et à mesure des récoltes, l'air de rien, et passez à la fontaine ou au bassin, histoire de verser l'équivalent d'un fond de verre d'eau. Ainsi préservées, les boutures peuvent tenir plusieurs jours.

Le bouturage sans risque

Dans la littérature horticole, le bouturage a l'allure d'une **opération du Saint-Esprit**.

1 Si vous acceptez de ne pas réussir à 100 %, une **brique de lait** vide suffit. Découpez, sans la séparer complètement, une grande face, de façon à obtenir une barquette au couvercle relevé.

2 Percez quelques trous dans le fond. Remplissez d'un mélange à parts égales de sable et de terreau.

3 Plongez les boutures cueillies, dont vous aurez rafraîchi la coupe, à mi-hauteur dans ce mélange.

4 Arrosez doucement et placez le tout dans un sac plastique transparent. La condensation suffit à assurer la bonne humidité pendant deux semaines.

5 Puis découvrez progressivement, enlevez les boutures qui pourrissent et laissez tranquille, quitte à abriter le tout sous la véranda pendant l'hiver. Les racines mettent parfois des mois à apparaître, mais **tant qu'il y a du vert, il y a de l'espoir**.

Des remèdes sans débourser

« Aux maux désespérés,
il faut des remèdes désespérés,
ou il n'en faut pas du tout. »
William Shakespeare, *Hamlet*

Elle console autant qu'elle soude

Tout ce qui suit concerne la **consoude Bocking 14**. Rien à voir avec une boisson énergisante, quoique… Cette variété a été sélectionnée dans un jardin installé à Bocking, en Angleterre, au sein de la plus importante association mondiale de jardiniers bio.

Ses avantages sont multiples : stérile, donc sans graines, et non baladeuse ; alors que beaucoup de consoudes rêvent d'espace, elle concentre son énergie pour former une touffe compacte alimentée par des racines profondes.

1 Pratiquez deux ou trois coupes dans l'année et tassez les feuilles grossièrement déchiquetées dans un grand seau avant d'en poser un autre dessus, rempli d'eau, qui va agir à la façon d'un **pressoir**.

2 Au bout de deux jours, récupérez du **jus noir** en inclinant simplement le seau du bas, après avoir retiré celui du haut.

3 Rechargez avec de la consoude fraîche et remettez le seau pressoir. Le jus noir est dilué à raison d'un volume pour dix d'eau et constitue un fortifiant de tout premier ordre pour vos plantes en pots qui en raffolent.

L'onguent du jardinier

Vous avez trop profité du premier grand soleil, et vos épaules en portent la marque rouge écrevisse. Bonne fille, la **consoude** va vous tirer d'affaire.

1 Ramassez assez de jeunes feuilles tendres pour remplir un **gant de toilette**, puis pressez ce dernier de façon que le jus imprègne le tissu éponge.

2 Passez le gant sur les parties brûlées, et vous ressentirez un soulagement instantané. Le lendemain, ni rougeur ni peau qui pèle…

Pansement naturel

Les **vertus cicatrisantes** de la consoude ne fonctionnent pas que sur notre épiderme. Tirez-en parti pour sortir d'un cap difficile un arbre planté sur la pelouse qu'un inconscient (non, n'essayez pas de détourner la conversation !) a frôlé de si près avec la tondeuse qu'une balafre marque maintenant l'écorce au collet. Or, il s'agit de la partie la plus stratégique de l'arbre, à la jonction entre les racines et le tronc.

1 Commencez par installer du **carton** sur l'herbe tout autour du tronc pour ne plus être tenté de l'écornifler la prochaine fois.

2 Prélevez une poignée de pousses tendres de **consoude** à malaxer dans la paume de la main pour former une boulette, puis appliquez-la sur la plaie. Posez enfin une feuille entière dessus, puis entourez avec de la chambre à air de vélo.

3 Au bout d'un an, retirez et constatez que l'écorce a formé un bourrelet sur l'ancienne blessure.

Plantain/Ortie, match nul

L'ortie est une plante plus appréciée qu'il n'y paraît. La preuve, des milliers de jardiniers ont failli prendre les armes quand les autorités ont tenté de réguler nos envies de fabrication de purin, une recette que l'on se passait entre voisins depuis des lustres.

De fait, l'ortie est une vraie petite **usine chimique naturelle**, mais solidement défendue : même avec des gants, il est bien difficile de ne pas se piquer.

Si le stoïcisme ne fonctionne chez vous qu'un jour sur deux, cherchez des yeux du plantain, en général dans les **coins de gazon piétinés**. Prenez une ou deux feuilles, que vous malaxez entre le pouce et l'index, puis passez sur la partie piquée par l'ortie. Soulagement assuré. Le plantain est aussi efficace sur les **piqûres de moustiques** récentes.

Miel alors !

Le jardin n'est pas à un paradoxe près : la même plante attire le danger et le combat. Appréciée des **abeilles** qui la courtisent, la **mélisse** fournit aussi de quoi apaiser les piqûres malencontreuses. Il suffit de presser deux ou trois jeunes feuilles et de les passer sur le point de la piqûre, après avoir enlevé le dard s'il s'agit d'une abeille.

Bien entendu, si le sujet piqué est réputé allergique et risque de gonfler de partout, il vaut mieux le diriger vers le médecin le plus proche, à défaut un vétérinaire, un rebouteux, un équarrisseur ou le Dr House, selon l'affection qu'on lui porte…

La mélisse frottée sur les bras et le cou dissuade notamment les **moustiques** de voler en piqué dès le crépuscule.

Persil vous plaît

Vous avez embêté consciencieusement votre entourage en faisant la chasse à la moindre casserole ou soucoupe oubliée… autant de récipients qui accueillent les pontes de moustiques, mais rien n'y a fait, les vampires sont là !

Pour atténuer le feu de leur piqûre, notamment celle du redoutable *Aedes*, plus petit mais pernicieux au possible, **direction la jardinière de plantes aromatiques** pour y prélever un peu de persil. Pressez le jus sur la piqûre.

Petit cours de chimie : l'apiol du persil réduit l'effet de l'histamine contenue dans la salive du moustique, la molécule qui cause la brûlure.

Le cercle de cendres

Si vous étiez un **gastéropode**, vous auriez le choix sur la carrosserie, mais pas côté motorisation : tapis roulant sur mucus pour tous. Cela requiert une condition physique d'athlète, mais aussi pas mal d'humidité à disposition. D'où la propension de ces redoutables « râpeurs-rampeurs » à sortir au petit matin pour profiter de la rosée, ou encore par temps de pluie, pendant que vous lorgnez des feuilletons indignes de vous.

Vengeance, crierez-vous, cependant un peu tard, devant la dentelle d'hosta ou de laitue.

1 Pour limiter les dégâts, récupérez **la cendre** de votre cheminée et constituez un cercle autour des plantes cibles, mais après vous être avisé de **ne pas enfermer l'ennemi dans le corral.**

2 Pour cela, une inspection minutieuse des feuilles du cœur s'impose, revers compris.

3 Tracez un cercle pas très haut, mais plutôt large. Et si les dégâts persistent, ce sera le signe que vous avez affaire à des kamikazes, la pire espèce !

Second degré dans la riposte

Une bonne partie de vos semis printaniers a été râpée menu par les limaces, petites noires et grosses brunes confondues. Cela mérite une contre-offensive déterminée. Puisqu'elles ont franchi la frontière, la chasse est ouverte !

1 Posez des planches en bois sur les sentiers du potager, et spécialement tout près des semis.

2 Le lendemain matin, retournez les planches et procédez à la récolte. Facile : il suffit de poser le doigt sur les bestioles, elles s'y collent instantanément, et l'on n'a plus qu'à les jeter d'une pichenette dans un seau.

3 Puis direction le fond du jardin pour jeter le contenu du seau discrètement au plus près du voisin qui vous a fait des réflexions désagréables l'autre jour… Opération à renouveler sans modération.

P.-S. : il y a peu de risque que ce rustre ait eu l'ouvrage *50 façons d'assassiner…* [1] entre les mains et identifie la cause de cette soudaine invasion.

1. **Note de l'éditeur :** renseignements pris auprès de **Mme Boulloche,** de la librairie du même nom, il semblerait que votre voisin ait déjà acheté cet opuscule, ce qui expliquerait la récente pullulation de limaces chez vous… Le FBI est sur le coup…

L'amer breuvage

Si votre grand-mère Mamikou était adepte de médecines naturelles, le goût du **sulfate de magnésium** vous reste peut-être en mémoire. Amer est un mot faible pour définir la sensation sur les papilles, guère habituées à un tel traitement. Eh bien, dites-vous que les limaces n'aiment pas plus que vous cette amertume.

Il suffit donc de pulvériser vos semis et plants tout tendres d'une solution réalisée avec **4 cuillerées à soupe dans 1 litre d'eau bouillante**. Laissez refroidir et ajoutez encore **1 litre d'eau froide**.

Le sulfate de magnésium ne peut que renforcer les plantes qui adorent ce minéral, de surcroît parfaitement inoffensif pour nous, d'autant qu'après quelques pluies tout sera revenu au sol.

Un bon conseil : quand vous demandez du sulfate de magnésium au pharmacien, pas la peine de mentionner vos poivrons…

Carbonisez les champignons

Le **blanc**, ou **oïdium**, n'est pas le plus dangereux des champignons, mais il est fort disgracieux quand il envahit les rosiers ou les bégonias en pleine floraison. Comme il est superficiel, pas besoin de sortir l'artillerie lourde. Le brave **bicarbonate** suffit à l'affaire : celui qui traîne dans le tiroir de la cuisine et que vous utilisez quand vous faites cuire des haricots (ce qui, au demeurant, ne les avantage pas plus que ça…).

1 Mettez **1 cuillerée à soupe dans 1 litre d'eau**, brassez bien et pulvérisez les plantes sensibles. Si vous rajoutez 1 petite cuillerée de **savon noir**, cela n'en est que mieux, car l'adhérence sera meilleure sur le feuillage.

2 Comme souvent avec les champignons, il est préférable d'agir dès juin, avant que ces derniers aient tout envahi. Certains ont même noté que le bicarbonate modérait l'ardeur du **marsonia**, autre champignon qui ponctue de taches noires les feuilles des rosiers.

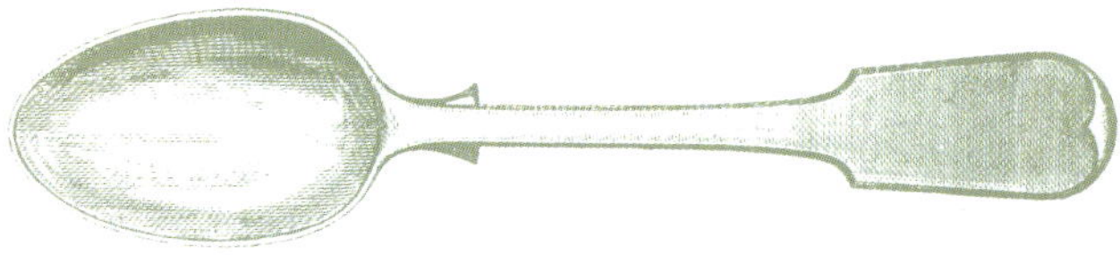

Le top des émulsions

Vous avez tourné le dos dix minutes, et les cochenilles se sont collées sournoisement au laurier-rose du balcon, à votre datura préféré, sans oublier l'hibiscus que votre belle-sœur Josiane a mis en pension chez vous. La cata ! Mais pas besoin d'investir dans une bombe à tête de mort, vous avez tout sous la main.

1 **Proportions pour 1 litre d'eau :** 1 cuillerée à café d'huile de colza bio et 1 giclée de liquide vaisselle bio. Secouez bien pour émulsionner l'huile dans l'eau.

2 Pulvérisez sur toutes les parties des plantes, le dessus comme le dessous des feuilles, et surtout les tiges où les cochenilles adorent se coller.

3 Par précaution, couvrez le sol avec des journaux dont vous avez fini les mots fléchés.

4 Renouvelez au moins trois fois, à une semaine d'intervalle, et la situation devrait se stabiliser.

5 Téléphonez à Josiane pour qu'elle vienne chercher le bébé.

Herbes en vinaigrette

Restons à la cuisine, côté assaisonnement, pour détourner le **vinaigre d'alcool blanc** de son usage classique : confire les cornichons.

Un volume de vinaigre et autant d'eau, puis **pulvérisez le pissenlit et les herbes qui s'acharnent dans le gravier.** Elles devraient normalement jaunir. Et n'ayez pas de crainte pour le sol, car l'acidité est rapidement neutralisée, au fur et à mesure que l'acide acétique est dégradé. Mieux vaut cependant pulvériser sur le feuillage pour concentrer les effets du vinaigre.

Les amateurs de petite cuisine utiliseront aussi l'eau de cuisson des pommes de terre, bien chaude, pour nettoyer les pavés. L'Inra (Institut national de la recherche agronomique) cherche encore un usage pour les restes de macédoine…

Laissez faire la nature, elle vous le rendra bien

« Il pousse plus de choses dans un jardin que n'en sème le jardinier. »
Proverbe espagnol

La haie spontanée gratuite

Ce conseil ne s'applique qu'aux âmes fortes, capables de supporter les sarcasmes de leur entourage pendant au moins une année. Miser sur la **végétation naturelle ou « sauvage »** revient, en effet, à transformer une partie du jardin en jungle aux yeux du commun des mortels.

Prenons le cas d'une haie dans un lotissement à la campagne. Trois scénarios au choix :

Option 1 : Courir à la jardinerie ou chez un pépiniériste acheter des arbustes déjà développés, charger des tombereaux de terreau et d'amendement organique, creuser comme un serial killer stakhanoviste et contempler le résultat en photos à la clinique, après votre opération du dos.

Option 2 : Trouver un fournisseur de jeunes plants, faire des trous plus petits et attendre un an ou deux pour obtenir le même résultat. C'est déjà mieux au niveau financier, et l'argent économisé peut être investi dans une pataugeoire à reconvertir plus tard en bassin garni de nymphéas quand les enfants auront enfin quitté le foyer, la quarantaine venue.

Option 3 : Ne plus tondre à l'emplacement de la future haie. Laisser la ronce revenir et la surveiller pour qu'elle ne s'échappe pas. Tricoter ou palisser la ronce sur des piquets jusqu'à ce que vous décidiez de la couper au ras du sol et de poser dessus une triple épaisseur de cartons.

Guetter les semis spontanés dus au largage des crottes d'oiseaux. Avec un peu de chance, houx, aubépine et arbustes variés seront au rendez-vous. Les minuscules arbustes se mettent alors à pousser. Procédez à de menus déplacements pour équilibrer la densité.

Trois ans de plus, et il est temps d'admirer le résultat peuplé de nids d'oiseaux et tourbillonnant de papillons en été. Généralement, c'est aussi le moment de déménager avec la tribu, par une nuit sans lune, rapport à la pétition des voisins…

La haie temporaire

Voici un plan B pour créer de l'intimité autour de votre petit royaume sans vous ruiner. Une seule condition préalable : restreindre vos envies de bronzage intégral au seul été, car la haie que nous vous proposons demande quelques mois pour produire son effet.

1 Commencez par le classique étalage de cartons pour étouffer l'herbe et tout ce qui s'en rapproche, de près ou de loin. Puis déversez du compost que vous aurez remorqué depuis une station de compostage pas trop éloignée. Une épaisseur de 15 à 20 cm est suffisante, surtout si vous disposez de tontes de gazon à mélanger.

2 Il ne reste plus qu'à installer, début mai, des plantes à grand effet : **amarante, bananier, canne à sucre, ricin, maïs, soleil géant**… Les unes en plants, les autres en graines. Le résultat est garanti deux mois plus tard, à condition d'avoir arrosé, si besoin est, car une telle biomasse réclame de l'eau à suffisance.

3 Pour améliorer encore le résultat, glissez dans la composition quelques **lianes**, les ipomées étant les championnes pour escalader ces tuteurs vivants.

Jouez des cannes

Une autre façon d'arriver à un résultat quasi identique, mais qui requiert une année probatoire, consiste à miser sur la **canne de Chine**, une graminée championne du monde de la croissance en hauteur, mais assez sage pour ne pas chercher à envahir au passage tout l'hémisphère nord, comme les bambous. Son nom précis : *Miscanthus sinensis* 'Giganteus'. Le dernier terme vous renseigne sur sa qualité maîtresse : la vigueur. Une fois qu'elle est installée, ce qui demande juste un an, elle va pousser à hauteur d'un premier étage en trois mois, de mai à juillet. Le festival se prolonge ensuite jusqu'aux gelées, et même au-delà, si la vue de grands échalas couleur havane ne vous déplaît pas. Coupez seulement en mars pour laisser la place aux nouvelles pousses. Ce que vous tranchez sera laissé au sol, façon paillis, ou dirigé vers le compost pour compenser l'excès d'eau des tontes de gazon printanières.

Le prêt à paître

Depuis quelques années, la prairie fleurie est tendance. Même les jardiniers municipaux en parsèment des ronds points à la ruralité plus qu'incertaine. Les bons esprits vous affirmeront que c'est pour le **bonheur des abeilles**, oubliant que la plupart des fleurs choisies n'ont rien à leur offrir, comme ces grands dadais de cosmos roses, bien moins attractifs qu'une banale marguerite qui serait peut-être apparue spontanément.

Si vous jetez un coup d'œil sur le prix des **mélanges pour prairie**, vous risquez l'infarctus, car le naturel a son prix : environ 1 euro le mètre carré. À moins cher, vous courez le risque que le mélange soit composé principalement de bleuets et d'anciennes fleurs des champs n'ayant rien de naturel et en plus incapables d'occuper l'espace l'année suivante, comme vous le recherchez…

La prairie minimaliste

...Et si le meilleur des sachets de graines pour prairie fleurie était sur place... dans la terre ? Même là où tout a été bouleversé, après l'aménagement d'un lotissement par exemple, il reste dans le sol de quoi reconstituer un paysage.

Il suffit pour cela de ne pas toucher à l'herbe et aux plantes diverses apparues, **hormis celles à larges feuilles**, des opportunistes qui prennent la place d'autres plus intéressantes pour la biodiversité. Quelques séances de désherbage localisé au couteau feront le ménage.

Vers la mi-août, coupez tout à l'aide de votre faucille bien affûtée et laissez sur place deux jours, le temps que les graines tombent au sol et que les insectes se carapatent.

Puis direction le compost.

Vous pouvez ensuite passer la tondeuse pour obtenir une étendue verte honorable jusqu'en avril.

En recommençant ce manège plusieurs années de suite, vous serez surpris de voir de nouvelles fleurs apparaître, avec probablement tout un cortège d'insectes étonnants.

Rambo jardine

Votre **cabane à outils** a connu de meilleurs jours, mais son toit ne fuit pas, alors pourquoi la remplacer si c'est juste une affaire d'habillage ? Pour être honnête, vous êtes le seul à penser ainsi, et le moment est proche où une coalition familiale va faire remonter parmi les priorités la rénovation de ce point noir du jardin.

Que diriez-vous d'une solution d'attente, économique, cela va de soi ? Puisqu'il s'agit de **camouflage**, empruntons une technique de commando : le **filet végétal**.

Il suffit de jeter sur la cabane une vaste toile d'araignée sur laquelle vous allez faire pousser des lianes.

Comme support, du **vrai filet de pêcheur** mis au rebut, ou encore celui qui est vendu pour protéger les cerisiers des maraudeurs ailés. Peu importe qu'il ne soit pas solide, les lianes le seront pour deux.

Découpez l'espace nécessaire pour la porte et les fenêtres éventuelles, et arrangez-vous pour que le filet descende jusqu'au sol.

Au pied des faces visibles de la cabane, vous allez poser au sol des cartons et vider quelques brouettes de compost mélangé à du terreau, puis installer des plantes grimpantes à croissance rapide, comme les ipomées, cobées, coloquintes, capucines géantes de Lobb, doliques… tout cela disponible en graines, donc bon marché. Ces plantes seront magnifiques jusqu'aux gelées et, d'ici là, vous aurez mis de côté de quoi investir dans une nouvelle cabane.

Une carpette 100 % végétale

Tous vos essais de gazon autour d'un vieil arbre se sont soldés par des échecs. Pas question cependant de couler du béton ou d'épandre du gravier, votre fibre écologique ne le permet pas. La solution naturelle existe et se nomme « plante couvre-sol ».

Cependant, dûment prévenu par votre copine Marie-Claude à qui cela est arrivé, vous craignez l'envahissement durable du quart du jardin par des pervenches devenues folles, et votre réticence se comprend.

Voici donc 5 championnes que vous pouvez associer façon marqueterie : *Euphorbia robbiae*, au feuillage vert persistant et aux fleurs vertes nuancées fluo ; *Geranium macrorrhizum*, ultra vivace capable du meilleur, au soleil comme à l'ombre ; *Lamium* 'Shell Pink', tapisserie de feuillage panaché et de fleurs roses, pendant des semaines ; *Pachysandra terminalis* 'Green Carpet', aux feuilles coriaces comme du cuir ; enfin, *Wadsteinia ternata*, plus compliqué à prononcer qu'à héberger au jardin.

Et maintenant, l'astuce radine : achetez trois pieds de chaque, que vous placez dans des caisses à poisson avec du compost mûr autour. Démoulez au bout de six mois, divisez en nombreux plants, que vous mettez en place tout de suite sur le terrain préalablement couvert de cartons et où vous aurez disposé 10 cm de compost mûr (provenant de la station de compostage locale). En un an, la surface totale sera couverte.

Semis gratuits acceptés

Désolé de vous décevoir peut-être : les plantes ne fleurissent pas pour nous faire plaisir, mais pour assurer la succession des générations et **occuper le plus d'espace possible** avec leurs rejetons. Alors, tirons pleinement parti de cette générosité plutôt que de grommeler en pestant contre ces fleurs fanées qui ne font « pas propres ».

1 Laissez les **capsules** mûrir leur précieuse cargaison, ce qui demande environ six bonnes semaines.

2 Coupez au ras du sol et bénissez avec cette manne les endroits du jardin déplumés : parmi les milliers de graines éparpillées, il s'en trouvera bien assez pour meubler l'espace.

3 Ensuite, à votre guise, **laissez en place**, ce qui est souvent la meilleure option, ou prélevez de quoi donner. Ne vous inquiétez pas si la densité paraît insensée, seules les plus solides prendront le dessus.

Au petit bonheur

Un choix de ces gentilles envahisseuses ? Misez sur la valériane des jardins, rose ou blanche ; la julienne des dames, qui sent si bon le lilas en mai ; l'ancolie des bois, aux fleurs bleu d'encre à l'ancienne ; la bourrache et la pimprenelle, qui ont le mérite d'ajouter du tonus à vos salades, car les fleurs de la première et les jeunes feuilles de la seconde sont comestibles.

Mais le hasard vous réservera peut-être d'autres surprises : des capucines ou des grandes impatiens (merci Franck !), qui surgissent année après année quand on ne les attend plus ; ou encore des soucis, des amarantes et même des soleils.

Cherchez du côté des allées en gravier, on n'a pas trouvé mieux pour favoriser ces semis spontanés.

Bonne ou mauvaise ?

La question qui taraude le jardinier radin et débutant : comment reconnaître ces fleurs sympas dès le stade **plantule**, histoire de ne pas bichonner à leur place du bouton d'or et du chiendent ? En faisant le lien entre la plante adulte et les plantules, pardi, car ces dernières ont de fortes chances d'apparaître en abondance au pied de leurs mères.

Pour en avoir le cœur net, **laissez pousser** et l'évidence sautera aux yeux au fur et à mesure que les feuilles adultes se déploieront, car l'aspect des cotylédons et des feuilles juvéniles est parfois trompeur.

En guise de consolation

« Une période d'échec est un moment rêvé pour semer les graines du succès. »
Paramahansa Yogananda

L'envers du vert vaut l'endroit

Votre haie naturelle a pris forme, la prairie déroule son existence de pampa miniature, l'aplomb des arbres a perdu sa nudité, la cabane disparaît sous les lianes et des fleurs achetées nulle part changent le décor chaque printemps.

Avez-vous toujours envie d'un potager aligné comme à la parade ? Quelques carrés nourris au compost maison suffisent pour approvisionner la maisonnée en salades cueillies au dernier moment. Des tomates parfois issues d'échanges font du tricot sur les bambous assemblés en cage. La récolte de pommes de terre en sac de terreau recyclé dépasse vos espérances. Les mûres picorées dans la haie ne manquent pas pour les confitures.

En faisant le bilan de l'année, quand vous songez à tous ces moments agréables passés à récolter les graines, peindre des bacs improbables, préparer des plants cadeaux pour le **vide-jardin**, votre plaisir est doublé par la satisfaction des économies réalisées. Mieux encore, vos proches vous trouvent plus apaisé.

Le spectacle de la nature et de sa générosité a de quoi rassurer même les angoissés de naissance, ceux qui, ayant toujours peur de manquer, confondent boulimie et appétit. Vous vous contentez de moins, mais sans frustration, comme si vous aviez pris conscience que le bonheur n'est pas une affaire de gaz carbonique dépensé ni de fièvre acheteuse.

Une économie supplémentaire à mettre au compte du jardinage bien tempéré : les séances du psy, qui se consolera lui aussi en cultivant des hellébores, suivant les conseils du bon Monsieur de La Fontaine. À force de glaner, et parfois de glander, la confiance en vous est revenue, l'air de rien.

Moralité : un simple banc de jardin vaudrait-il le meilleur des divans?

Index

Crédits photographiques

couverture © Michael Flippo – Fotolia.com ; 4ème de couverture © rimglow – Fotolia.com ; © Frog 974 – Fotolia.com ; © Stéphane Morard – Fotolia.com ; © Unclesam Newek – Fotolia.com ; Pages de gardes © lynea – Fotolia.com ;
p. 4, 7 © Jean-Paul Collaert ; p. 8-9 © Bluestock – Fotolia.com ; p. 10 © Unclesam – Fotolia.com ; p. 11, 12 © Jean-Paul Collaert ; p. 13 haut © Wayne Bronson – Fotolia.com ; p. 13 bas © Philippe Simier – Fotolia.com ; p. 14 © .shock – Fotolia.com ; p. 15 © Bryce Newek – Fotolia.com ; p. 16, 17 © Jean-Paul Collaert ; p. 18 © iphoto – Fotolia.com ; p. 19 © Jean-Paul Collaert ; p. 20 © Frog 974 – Fotolia.com ; p. 21 © Jean-Paul Collaert ; p. 22-23 © LUMIERES – Fotolia.com ; p. 24 © Archives Larousse ; p. 25 © Nano – Fotolia.com ; p. 26 © romaneau – Fotolia.com ; p. 27 © Jean-Paul Collaert ; p. 28 © DR – Fotolia.com ; p. 29-31, 33 © Jean-Paul Collaert ; p. 34-35 © Mihaho – Fotolia.com ; p. 36 © Jean-Paul Collaert ; p. 37 © Jérôme DREUMONT – Fotolia.com ; p. 38 © Jean-Paul Collaert ; p. 39 © Vaidas Bucys – Fotolia.com ; p. 40 © Kokhanchikov – Fotolia.com ; p. 42, 43 © Jean-Paul Collaert ; p. 44 haut © Archives Larousse / bas © Lynea – Fotolia.com ; p. 45 © Jean-Paul Collaert ; p. 46-47 © Horticulture – Fotolia.com ; p. 48 © Archives Larousse ; p. 49 © Unclesam – Fotolia.com ; p. 50-53 © Jean-Paul Collaert ; p. 54 © Archives Larousse ; p. 55 © Chanelle – Fotolia.com ; p. 56, 57 © Jean-Paul Collaert ; p. 58 © Chocorange – Fotolia.com ; p. 59 © Weberfoto – Fotolia.com ; p. 60 © Jean-Paul Collaert ; p. 61 © Frédéric Combes – Fotolia.com ; p. 62, 63 © Jean-Paul Collaert ; p. 64-65 © Otto Durst – Fotolia.com ; p. 66 © Stocksnapper – Fotolia.com ; p. 67, 69-76 © Jean-Paul Collaert ; p. 77 © Archives Larousse ; p. 78 haut © Jean-Paul Collaert / p. 78 bas © Secret Side – Fotolia.com ; p. 79 © Jean-Paul Collaert ; p. 80-81 © Anne Kitzman – Fotolia.com ; p. 82 © Jean-Paul Collaert ; p. 83 © WithGod – Fotolia.com ; p. 84 © Dusan Kostic – Fotolia.com ; p. 85 © Archives Larousse ; p. 86 © Volff – Fotolia.com ; p. 87, 88 ph. Olivier Ploton © Archives Larousse ; p. 89 © Vladyslav Makarov – Fotolia.com ; p. 90 © Jean-Paul Collaert ; p. 91 © Vladimir Voronin – Fotolia.com ; p. 92 © Jean-Paul Collaert ; p. 93 © Archives Larousse ; p. 94 © Marinamik – Fotolia.com ; p. 95 © Jean-Paul Collaert ; p. 96-97 © Goccedicolore – Fotolia.com ; p. 98 © Archives Larousse ; p. 99-101 © Jean-Paul Collaert ; p. 102 © Archives Larousse ; p. 103 © Rimglow – Fotolia.com ; p. 104 © Archives Larousse ; p. 105 dessin de Denise Weber © Archives Larousse ; p. 106, 107 © Archives Larousse ; p. 108 © Adrien Roussel – Fotolia.com ; p. 109 © Papa1266 – Fotolia.com ; p. 110-111 © Margouillat photo – Fotolia.com ; p. 112 © Erica Guilane-Nachez – Fotolia.com ; p. 113-117 © Jean-Paul Collaert ; p. 118 © Archives Larousse ; p. 119 © Rsphoto – Fotolia.com ; p. 120, 122, 123, 125 © Jean-Paul Collaert.

Photogravure IGS, l'Isle d'Espagnac
Imprimé en Espagne par Dedalo Offset, Madrid
Dépôt légal : février 2010
304342/03-11018094 février 2012